《아이 can 사이트 워드》는
스물 두 명의 어린이 친구들이 먼저 체험해 보았으며
현직 교사들로 구성된 엄마 검토 위원들이
검수에 참여하였습니다.

어린이 사전 체험단

구찬율, 권도윤, 김도윤, 김종우, 남윤산, 박선후
박승우, 박종하, 서주원, 신시호, 신제윤, 신호윤
심유현, 윤태훈, 이은우, 이정빈, 이희강, 조하준
천지용, 최시은, 최지인, 황아인

엄마 검토 위원 (현직 교사)

강혜미, 김동희, 김명진, 김미은, 김민주, 김빛나라
김윤희, 박아영, 서주희, 심주완, 안효선, 양주연
유민, 유창석, 유채하, 이동림, 이상진, 이슬이
이유린, 정공련, 정다운, 정미숙, 정예빈
제갈공면, 최미순, 최사라, 한진진
윤여진 (럭스어학원 원장)

아이can 사이트 워드

Sight Words

아이 can

사이트
워드
Sight Words

초판 인쇄	2025년 1월 3일
초판 발행	2025년 1월 10일
지은이	한동오
그린이	김현영
편집	시소스터디 편집부
펴낸이	엄태상
영문감수	Kirsten March
표지디자인	권진희
내지디자인	디자인디
콘텐츠 제작	김선웅, 장형진
마케팅본부	이승욱, 왕성석, 노원준, 조성민, 이선민
경영기획	조성근, 최성훈, 김다미, 최수진, 오희연
물류	정종진, 윤덕현, 신승진, 구윤주
펴낸곳	시소스터디
주소	서울시 종로구 자하문로 300 시사빌딩
주문 및 문의	1588-1582
팩스	0502-989-9592
홈페이지	www.sisostudy.com
네이버카페	시소스터디공부클럽 cafe.naver.com/sisasiso
인스타그램	instagram.com/sisastudy
이메일	sisostudy@sisadream.com
등록일자	2019년 12월 21일
등록번호	제2019-000148호

ISBN 979-11-91244-68-7   63740

ⓒ시소스터디 2024

아이 can^캔 사이트 워드

Sight Words

한동오 지음

글쓴이 한동오

한동오 선생님은 제7차 영어 교과서 개발에 참여한 바 있으며, 영어 교육 과정과 학교 시험에 정통해 있는 영어 교육 전문가입니다.
KD 강남대치영어학원 원장을 역임하였고, 치열한 영어 학원가에서도 잘 가르치는 선생님으로 소문난 명강사입니다.
미국 예일대학교 디베이트 협회(YDSL)와 ASFL 영어 디베이트 협회가 연계한 Coach 및 Judge 자격을 가지고 있으며,
영어 디베이트 대회 심사위원으로 활동하였습니다.

《기적의 파닉스》 외에 여러 권의 영어 분야 베스트셀러를 집필하였고, 그동안 개발한 교재는 국내뿐만 아니라 미주 지역, 대만,
태국 등지에서 사용되어 왔으며, 캐나다 교육청(Fraser Cascade School Board)으로부터 프로그램 교류에 대한 감사장을 받았습니다.
또한 영어 학습법 분야에서 여러 개의 발명 특허를 획득하였으며 대한민국 발명가 대상, 캐나다 토론토 국제 선진기술협회장상,
말레이시아 발명 협회 MINDS 특별상, 국제지식재산권 교류회장상, 국제 CIGF 금상 등을 수상하였습니다.
그리고 학습법 발명 및 집필 공로로 대한민국 교육 분야 신지식인으로 공식 선정되었습니다.

저서로는 《기적의 파닉스》, 《중학 필수 영단어 무작정 따라하기》, 《바쁜 3·4학년을 위한 빠른 영단어》, 《중학영어 듣기 모의고사》,
《특허받은 영어 비법 시리즈》, 《미국교과서 영어따라쓰기》 등 다수가 있습니다.

그린이 김현영

대학에서 의상 디자인을 전공하고, 그림이 너무 좋아 다시 뉴욕 SVA(School of Visual Arts)에서
일러스트레이션을 공부했습니다.

집 주변에서 흔히 볼 수 있는 재미있는 사람들의 일상이나 예쁜 강아지들을 그림 곳곳에 담는 것을
하나의 큰 즐거움으로 삼으며, 두 아이들과 전쟁 같은 하루하루를 보내며 열심히 그림 작업을 하고 있습니다.

그린 책으로는 《말을 삼킨 아이》, 《할머니가 사라졌다》, 《어린이 토론학교: 환경》, 《처음 만나는 직업책》,
《어린이 토론학교: 과학과 기술》, 《귀신 사는 집으로 이사 왔어요》 등 다수의 그림책이 있습니다.

sight words

《아이 can 사이트 워드》 이렇게 학습해 보세요!

❶ 그림 속에 숨은 단어들을 찾으며 학습 준비를 해요.

앞으로 배우게 될 사이트 워드를 그림 속에서 찾는 활동을 해요. 재미있는 그림 속에 숨어 있는 사이트 워드를 찾으며 학습 흥미를 이끌어 내요. 숨은 단어는 하단에 거꾸로 적혀 있어요.

❷ 문장과 그림에서 단어의 쓰임새와 그 뜻을 익혀요.

문장 속에서 사이트 워드의 쓰임새를 확인하고, 정확한 의미를 그림으로 이해해요. 사이트 워드의 뜻을 익히고 단어를 쓰면서 철자까지 정확하게 익혀요.

❸ 다양한 형태의 연습문제를 풀며 영어 실력을 키워요.

다양하고 재미있는 연습문제를 통해 사이트 워드의 철자, 발음, 의미를 즐겁게 학습해요.
스피커 아이콘이 있는 활동은 QR 코드로 원어민의 생생한 문장을 들을 수 있어요.

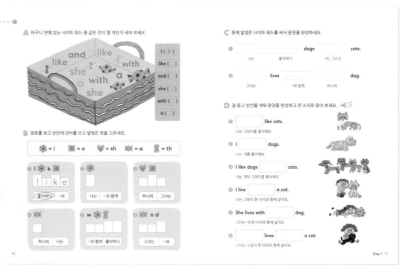

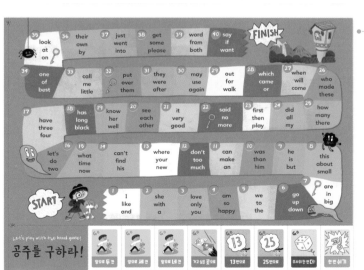

4 신나는 챈트를 부르고 재미있는 활동으로 마무리해요.

사이트 워드가 포함된 신나는 챈트를 따라 부른 뒤 미로 찾기, 다른 그림 찾기, 조각 그림 찾기, 색칠하기 등 재미있는 활동을 해요. 활동을 마친 뒤에도 귀와 입으로 챈트를 여러 번 반복해서 듣고 따라불러요.

5 배운 내용을 보드게임으로 되짚어보며 다시 한번 복습해요.

보드게임을 이용한 놀이를 통해 학습한 사이트 워드를 재미있게 복습해요. 알고 있는 사이트 워드는 큰 소리로 읽어 봐요. 읽지 못한 단어는 따로 표시해 두었다가 읽을 수 있을 때까지 반복, 또 반복해요.

6 플래시 카드로 재미있는 게임을 하며 읽는 훈련을 해요.

플래시 카드를 오려서 빙고, 메모리 게임, 폭탄 카드 게임 등 다양한 놀이를 해보세요. 간단하지만 재미있는 게임으로 눈에 빨리 익히는 훈련이 가능하고 책 읽기가 즐거워져요.

사이트 워드를 왜 배워야 하나요?

사이트 워드(sight words)는 우리말로 "일견 어휘" 또는 "일견 단어"입니다. 쉽게 말하면 "한눈에 바로 의미를 알아볼 수 있는 단어"라는 뜻입니다. 보통 매우 기초적이지만, 그 의미가 그림으로 명확하게 설명이 가능하지 않은 단어에 해당합니다.

예를 들어, 영어 문장에서 a나 he를 보게 되면 멈칫하지 않고 바로 '하나'와 '그'라는 뜻을 바로 알아채야 합니다. 단어의 형태를 통째로 암기해서 해독하는 과정 없이 자동적으로 바로 인식해야 한다는 것입니다.

이러한 사이트 워드를 배워야 하는 이유는 다음과 같습니다.

첫째, 사이트 워드는 어린이 책에서 매우 자주 나타나는 사용 빈도가 높은 단어들입니다.

둘째, 사이트 워드는 파닉스 규칙을 따르지 않는 경우가 많습니다.

셋째, 파닉스와 더불어 사이트 워드 학습을 하면 영어책 읽기가 수월해집니다.

《아이 can 사이트 워드》는 무엇이 다른가요?

모든 단어 학습이 그렇듯 사이트 워드도 개별 단어 학습 이전에 문장으로 먼저 접하는 것이 효과적입니다. 《아이 can 사이트 워드》는 먼저 문장을 제시하여 그 안에서 사이트 워드를 찾아내도록 구성했습니다. 아이들은 문장 내에서 사이트 워드가 어떻게 쓰이는지 자연스럽게 흡수하여 문장 내 한 요소로 받아들이게 됩니다. 이렇게 제대로 학습한 사이트 워드는 한눈에 보자마자 바로 인식할 수 있어 영어책 읽기가 쉬워지고 빨라지게 됩니다.

이 책은 생동감 넘치는 그림과 다양하고 재미있는 활동들로 구성되어 아이들이 보다 쉽고 재미있게 학습할 수 있도록 도와줍니다. 사이트 워드가 포함된 신나는 챈트를 불러보며 읽기 자신감을 키워주고, 더욱 더 영어에 대한 흥미를 높여줍니다. 마지막으로, 모든 학습을 마친 후에는 친구나 가족과 함께 보드게임과 플래시 카드 게임을 즐기면서 어떤 부분이 부족한지 다시 한번 확인해 보는 시간을 가질 수 있습니다.

글쓴이 한 동 오

차례

Let's learn sight words! They are fun and easy!

DAY 1

그림 속에 숨은 6개의 사이트 워드를 찾아보세요.

I / like / and / she / with / a

I like dogs and cats.

나는 개와 고양이를 좋아해요.

● 위 그림에서 사이트 워드에 동그라미 하고, 아래 빈칸에 예쁘게 써 보세요.

I	like	and
나는	좋아하다	~와, 그리고

She lives with a dog.

그녀는 개 한 마리와 함께 살아요.

● 위 그림에서 사이트 워드에 동그라미 하고, 아래 빈칸에 예쁘게 써 보세요.

she	**with**	**a**
그녀는	~와 함께	하나의

초등 필수 단어 : **live** 살다

A 바구니 안에 있는 사이트 워드 중 같은 것이 몇 개인지 세어 보세요.

I (3)	
like ( )	
and ( )	
she ( )	
with ( )	
a ( )	

B 암호를 보고 빈칸에 단어를 쓰고 알맞은 뜻을 고르세요.

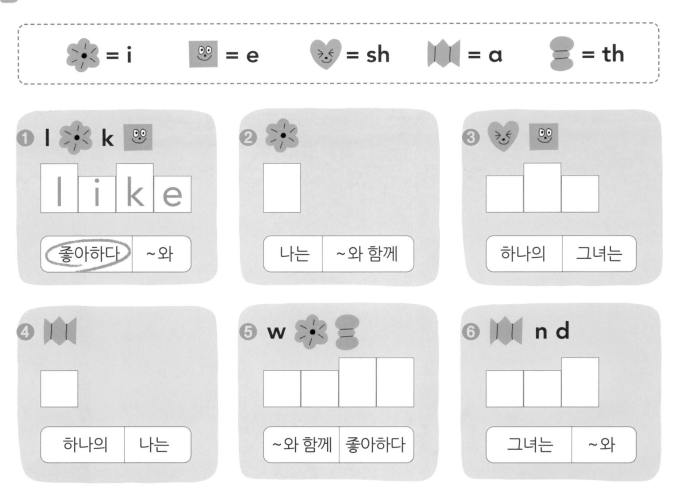

✲ = i   🙂 = e   💗 = sh   🎀 = a   🥢 = th

① l ✲ k 🙂
l i k e
좋아하다   ~와

② ✲
나는   ~와 함께

③ 💗 🙂
하나의   그녀는

④ 🎀
하나의   나는

⑤ w ✲ 🥢
~와 함께   좋아하다

⑥ 🎀 n d
그녀는   ~와

C 뜻에 알맞은 사이트 워드를 써서 문장을 완성하세요.

❶ _____ _____ **dogs** _____ **cats.**

나는　　　　　　좋아하다　　　　　　~와, 그리고

❷ _____ **lives** _____ **dog.**

그녀는　　　　　　~와 함께　　　　하나의

D 잘 듣고 빈칸을 채워 문장을 완성하고 큰 소리로 읽어 보세요. 📢

❶ [　　　　] **like cats.**

나는 고양이를 좋아해요.

❷ **I** [　　　　] **dogs.**

나는 개를 좋아해요.

❸ **I like dogs** [　　　　] **cats.**

나는 개와 고양이를 좋아해요.

❹ **I live** [　　　　] **a cat.**

나는 고양이 한 마리와 함께 살아요.

❺ **She lives with** [　　　　] **dog.**

그녀는 개 한 마리와 함께 살아요.

❻ [　　　　] **lives** [　　　　] **a cat.**

그녀는 고양이 한 마리와 함께 살아요.

E 챈트를 따라 부르고 아이스크림을 찾을 수 있도록 길을 안내해 주세요.

I like, I like
Coco my cat.
I like ice cream, too.
I find ice cream with Coco.
Let's go!

나는 좋아해요. 나는 좋아해요. 나의 고양이 코코. 나는 아이스크림도 좋아하지요. 나는 코코와 함께 아이스크림을 찾아요. 우리 함께 떠나요!

초등 필수 단어 : ice cream 아이스크림 **too** ~도, ~또한

DAY 2

그림 속에 숨은 6개의 사이트 워드를 찾아보세요.

only

happy

so

love

you

am

love / only / you / am / so / happy

I love only you.

나는 오직 너를 사랑한단다.

● 위 그림에서 사이트 워드에 동그라미 하고, 아래 빈칸에 예쁘게 써 보세요.

love	only	you
사랑하다	오직	너, 당신

I am so happy.

나는 정말 행복해요.

am so happy

● 위 그림에서 사이트 워드에 동그라미 하고, 아래 빈칸에 예쁘게 써 보세요.

am	**so**	**happy**
~이다, ~하다	정말	행복한, 기쁜

A 바구니 안에 있는 사이트 워드 중 같은 것이 몇 개인지 세어 보세요.

love ( )

only ( )

you ( )

am ( )

so ( )

happy ( )

B 암호를 보고 빈칸에 단어를 쓰고 알맞은 뜻을 고르세요.

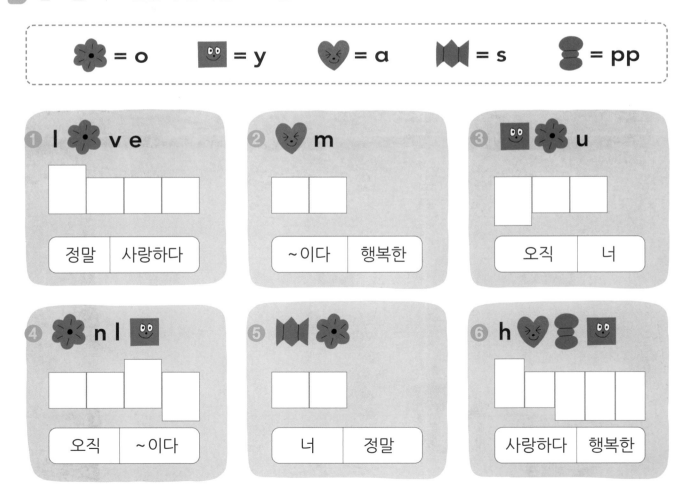

C 뜻에 알맞은 사이트 워드를 써서 문장을 완성하세요.

❶ I _____ _____ _____ .

　　　사랑하다　　　　오직　　　　너, 당신

❷ I _____ _____ _____ .

　　~이다, ~하다　　　정말　　　행복한, 기쁜

D 잘 듣고 빈칸을 채워 문장을 완성하고 큰 소리로 읽어 보세요. 📢

❶ I love [　　　] .

나는 너를 사랑한단다.

❷ I [　　　] dogs.

나는 개를 사랑해요.

❸ I love [　　　] you.

나는 오직 너를 사랑한단다.

❹ I [　　　] happy.

나는 행복해요.

❺ I [　　　] [　　　] happy.

나는 정말 행복해요.

❻ I [　　　] [　　　] [　　　] .

나는 정말 행복해요.

E 챈트를 따라 부르고 두 그림에서 다른 부분 네 군데를 모두 찾아보세요.

나는 오직 너만 사랑한단다. 나는 오직 너만 사랑한단다. 나는 정말 행복해요, 정말 행복해요. 우리 함께 시작해요!

초등 필수 단어 : **start** 시작하다

DAY3

그림 속에 숨은 6개의 사이트 워드를 찾아보세요.

we / to / the / go / up / down

We run to the playground.

우리는 그 놀이터로 달려요.

● 위 그림에서 사이트 워드에 동그라미 하고, 아래 빈칸에 예쁘게 써 보세요.

we	to	the
우리	~로, ~에	그

초등 필수 단어 : run 달리다 playground 운동장, 놀이터

I go up and down.

나는 위로 가고 아래로 가요.

● 위 그림에서 사이트 워드에 동그라미 하고, 아래 빈칸에 예쁘게 써 보세요.

go	**up**	**down**
가다	위에	아래에

A 바구니 안에 있는 사이트 워드 중 같은 것이 몇 개인지 세어 보세요.

we ( )	
to ( )	
the ( )	
go ( )	
up ( )	
down ( )	

B 암호를 보고 빈칸에 단어를 쓰고 알맞은 뜻을 고르세요.

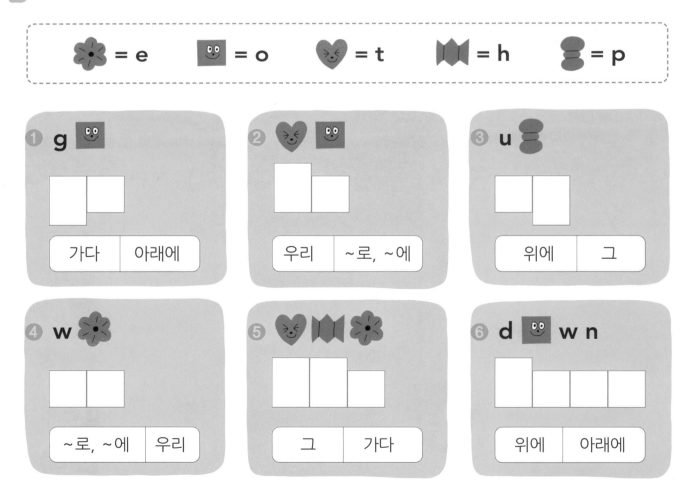

C 뜻에 알맞은 사이트 워드를 써서 문장을 완성하세요.

❶ _____ run _____ _____ playground.
        우리   ~로, ~에   그

❷ I _____ _____ and _____ .
        가다   위에   아래에

D 잘 듣고 빈칸을 채워 문장을 완성하고 큰 소리로 읽어 보세요.

❶ [   ] run.

우리는 달려요.

❷ I run [   ] the playground.

나는 그 놀이터로 달려요.

❸ I [   ] to school.

나는 학교에 가요.

❹ I [   ] [   ] .

나는 위로 올라가요.

❺ You [   ] [   ] .

너는 아래로 내려가.

❻ I go [   ] [   ] hospital.

나는 그 병원에 가요.

E 챈트를 따라 부르고 빈 곳에 들어갈 알맞은 그림을 찾아보세요.

I run. We run.
To the slide. To the slide.
I go. We go.
Up and down.
Let's find it together!

나는 달려요. 우리는 달려요. 미끄럼틀로. 미끄럼틀로. 나는 가요. 우리는 가요. 위로 그리고 아래로. 우리 함께 찾아봐요!

DAY 4

그림 속에 숨은 6개의 사이트 워드를 찾아보세요.

are / in / big / this / about / small

Cats are in the big box.

고양이들이 큰 상자 안에 있어요.

● 위 그림에서 사이트 워드에 동그라미 하고, 아래 빈칸에 예쁘게 써 보세요.

are	**in**	**big**
~이다, 있다	안에	큰

초등 필수 단어 : **box** 상자

This is about small cats.

이것은 작은 고양이에 대한 것이에요.

● 위 그림에서 사이트 워드에 동그라미 하고, 아래 빈칸에 예쁘게 써 보세요.

this	about	small
이, 이것	~에 대하여	작은

A 바구니 안에 있는 사이트 워드 중 같은 것이 몇 개인지 세어 보세요.

are (　)

in (　)

big (　)

this (　)

about (　)

small (　)

B 암호를 보고 빈칸에 단어를 쓰고 알맞은 뜻을 고르세요.

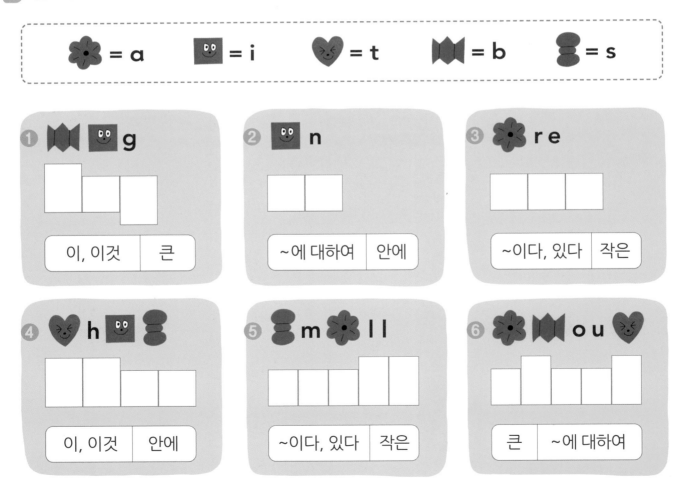

C 뜻에 알맞은 사이트 워드를 써서 문장을 완성하세요.

❶ Cats _____ _____ the _____ box.

        ~이다, 있다   안에   큰

❷ _____ is _____ _____ cats.

      이, 이것   ~에 대하여   작은

D 잘 듣고 빈칸을 채워 문장을 완성하고 큰 소리로 읽어 보세요.

❶ Cats [   ] in the box.

고양이들이 상자 안에 있어요.

❷ Dogs are [   ] the box.

개들이 상자 안에 있어요.

❸ We are in the [   ] box.

우리는 큰 상자 안에 있어요.

❹ [   ] is about cats.

이것은 고양이에 대한 것이에요.

❺ This is [   ] dogs.

이것은 개에 대한 것이에요.

❻ This is about [   ] cats.

이것은 작은 고양이에 대한 것이에요.

챈트를 따라 부르고 그림을 예쁘게 색칠해 보세요.

This is, this is
A book about cats. A book about cats.
Cats are, cats are
Reading about cats.
Let's color it together!

이것은, 이것은 고양이에 대한 책이에요. 고양이에 대한 책이에요. 고양이들은, 고양이들은 고양이에 대한 책을 읽고 있어요. 우리 함께 색칠해봐요!

초등 필수 단어 : **read** 읽다 **color** 색칠하다

DAY 5

그림 속에 숨은 6개의 사이트 워드를 찾아보세요.

him / than / was / but / is / he

He is slow, but she is fast.
그는 느리지만 그녀는 빨라요.

• 위 그림에서 사이트 워드에 동그라미 하고, 아래 빈칸에 예쁘게 써 보세요.

he	is	but
그는	~이다, ~하다	그러나, 하지만

초등 필수 단어 : slow 느린 fast 빠른

38

I was taller than him.

나는 그보다 키가 더 컸어요.

● 위 그림에서 사이트 워드에 동그라미 하고, 아래 빈칸에 예쁘게 써 보세요.

was	**than**	**him**
~이었다, 있었다	~보다	그, 그를

초등 필수 단어 : **taller** 키가 더 큰 (**tall** 키가 큰)

A 바구니 안에 있는 사이트 워드 중 같은 것이 몇 개인지 세어 보세요.

he ( )	
is ( )	
but ( )	
was ( )	
than ( )	
him ( )	

B 암호를 보고 빈칸에 단어를 쓰고 알맞은 뜻을 고르세요.

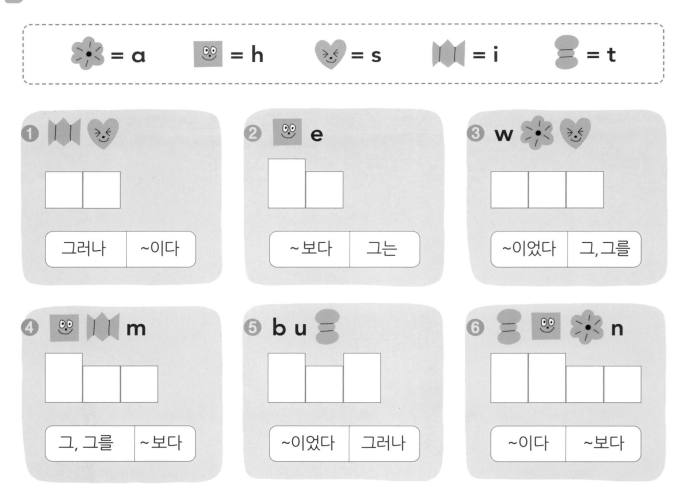

C 뜻에 알맞은 사이트 워드를 써서 문장을 완성하세요.

❶ _____ _____ slow, _____ she is fast.

그는 　　　 ~이다, ~하다 　　　 그러나, 하지만

❷ I _____ taller _____ _____ .

　　~이었다 　　　　 ~보다 　　　 그, 그를

D 잘 듣고 빈칸을 채워 문장을 완성하고 큰 소리로 읽어 보세요. 📢

❶ [　　　] is slow.

그는 느려요.

❷ She [　　　] fast.

그녀는 빨라요.

❸ He is slow, [　　　] she is fast.

그는 느리지만 그녀는 빨라요.

❹ I [　　　] tall.

나는 키가 컸어.

❺ I was taller [　　　] you.

나는 너보다 키가 더 컸어.

❻ I was taller than [　　　] .

나는 그보다 키가 더 컸어요.

E 챈트를 따라 부르고 누가 먼저 결승선에 도착하는지 길을 안내해 주세요.

He was **fast**.
He was **fast**.
The turtle was **slow**.
The turtle was **slow**.
But, but, but
The turtle is the winner!
Let's go!

그는 빨랐어요. 그는 빨랐어요. 그 거북이는 느렸어요. 그 거북이는 느렸어요. 하지만, 하지만, 하지만 그 거북이가 우승자예요! 우리 함께 떠나요!

초등 필수 단어 : **turtle** 거북이 **winner** 우승자

42

그림 속에 숨은 6개의 사이트 워드를 찾아보세요.

can / make / an / don't / too / much

I can make an apple pie.

나는 사과파이 하나를 만들 수 있어요.

● 위 그림에서 사이트 워드에 동그라미 하고, 아래 빈칸에 예쁘게 써 보세요.

can	make	an
할 수 있다	만들다	하나의

초등 필수 단어 : **apple** 사과 **pie** 파이

Don't eat too much.

너무 많이 먹지 마.

don't

too much

● 위 그림에서 사이트 워드에 동그라미 하고, 아래 빈칸에 예쁘게 써 보세요.

don't	**too**	**much**
~하지 마라	너무	많은

초등 필수 단어 : eat 먹다

A 바구니 안에 있는 사이트 워드 중 같은 것이 몇 개인지 세어 보세요.

can ( )

make ( )

an ( )

don't ( )

too ( )

much ( )

B 암호를 보고 빈칸에 단어를 쓰고 알맞은 뜻을 고르세요.

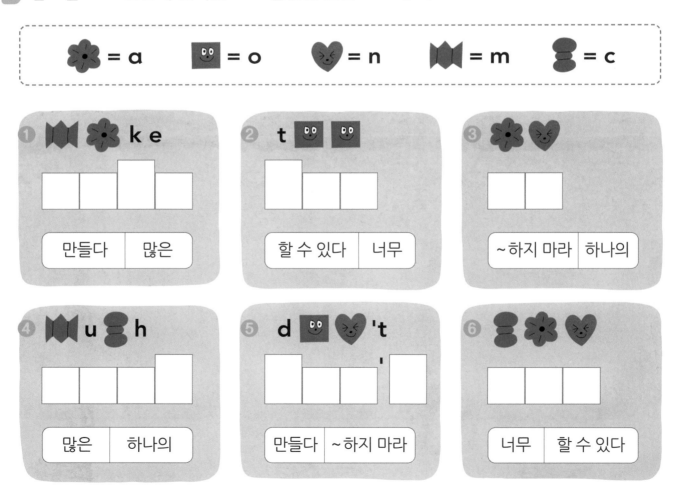

C 뜻에 알맞은 사이트 워드를 써서 문장을 완성하세요.

❶ I _____ _____ _____ apple pie.

       할 수 있다   만들다   하나의

❷ _____ eat _____ _____ .

   ~하지 마라   너무   많은

D 잘 듣고 빈칸을 채워 문장을 완성하고 큰 소리로 읽어 보세요.

❶ I [　　　] .

나는 할 수 있어요.

❷ I can [　　　] it.

나는 그것을 만들 수 있어요.

❸ I can make [　　　] apple pie.

나는 사과파이 하나를 만들 수 있어요.

❹ [　　　] eat.

먹지 마.

❺ Don't eat [　　　] pie.

파이를 많이 먹지 마.

❻ Don't eat [　　　] much.

너무 많이 먹지 마.

E 챈트를 따라 부르고 두 그림에서 다른 부분 네 군데를 모두 찾아보세요.

I can make, I can make,
Yummy, yummy food. Yummy, yummy food.
Don't eat too much. Don't eat too much.
Your tummy is full.
Let's start!

난 만들 수 있어요. 난 만들 수 있어요. 맛있는, 맛있는 음식. 맛있는, 맛있는 음식. 너무 많이 먹지 마요. 너무 많이 먹지 마요. 배가 가득 찼어요. 우리 함께 시작해봐요!

초등 필수 단어 : **yummy** 맛있는 **tummy** 배(신체 부위) **full** 가득 찬, 배부른

48

DAY 7

그림 속에 숨은 6개의 사이트 워드를 찾아보세요.

Where is your new cap?

너의 새 모자는 어디에 있어?

● 위 그림에서 사이트 워드에 동그라미 하고, 아래 빈칸에 예쁘게 써 보세요.

where	your	new
어디에	너의	새로운

초등 필수 단어 : cap 모자

He can't find his cap.

그는 그의 모자를 찾을 수 없어요.

● 위 그림에서 사이트 워드에 동그라미 하고, 아래 빈칸에 예쁘게 써 보세요.

can't	**find**	**his**
할 수 없다	찾다	그의

A 바구니 안에 있는 사이트 워드 중 같은 것이 몇 개인지 세어 보세요.

where ( )	
your ( )	
new ( )	
can't ( )	
find ( )	
his ( )	

B 암호를 보고 빈칸에 단어를 쓰고 알맞은 뜻을 고르세요.

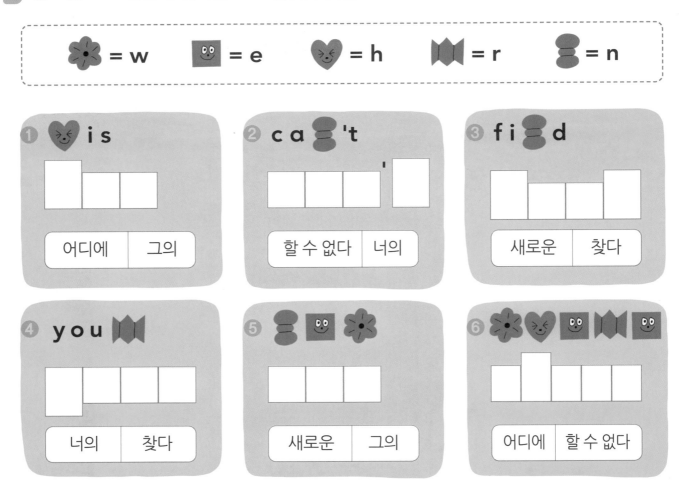

52

C 뜻에 알맞은 사이트 워드를 써서 문장을 완성하세요.

❶ _____ is _____ _____ cap?

        어디에   너의   새로운

❷ He _____ _____ _____ cap.

      할 수 없다   찾다   그의

D 잘 듣고 빈칸을 채워 문장을 완성하고 큰 소리로 읽어 보세요. 🔊

❶ [_____] is the cap?

그 모자는 어디에 있어요?

❷ Where is [_____] cap?

너의 모자는 어디에 있어?

❸ Where is your [_____] cap?

너의 새 모자는 어디에 있어?

❹ He [_____] find the dog.

그는 그 개를 찾을 수 없어요.

❺ He can't [_____] the cap.

그는 그 모자를 찾을 수 없어요.

❻ He can't [_____] [_____] cap.

그는 그의 모자를 찾을 수 없어요.

챈트를 따라 부르고 빈 곳에 들어갈 알맞은 그림을 찾아보세요.

어디 있어요, 어디 있어요? 너의 새 모자는, 너의 새 모자는? 그는 찾을 수 없어요, 그는 찾을 수 없어요, 그의 새 모자를.
우리 함께 찾아봐요!

DAY 8

그림 속에 숨은 6개의 사이트 워드를 찾아보세요.

What time is it now?

지금 몇 시인가요?

● 위 그림에서 사이트 워드에 동그라미 하고, 아래 빈칸에 예쁘게 써 보세요.

what	time	now
무엇, 몇	시간, 때	지금

초등 필수 단어 : it 그것

Let's do it until two.

두 시까지 그것을 하자.

● 위 그림에서 사이트 워드에 동그라미 하고, 아래 빈칸에 예쁘게 써 보세요.

let's	do	two
~하자	하다	2, 둘

초등 필수 단어 : until ~(때)까지　　Tip! two는 2(둘) 또는 두 시를 말해요.

A 바구니 안에 있는 사이트 워드 중 같은 것이 몇 개인지 세어 보세요.

what ( )

time ( )

now ( )

let's ( )

do ( )

two ( )

B 암호를 보고 빈칸에 단어를 쓰고 알맞은 뜻을 고르세요.

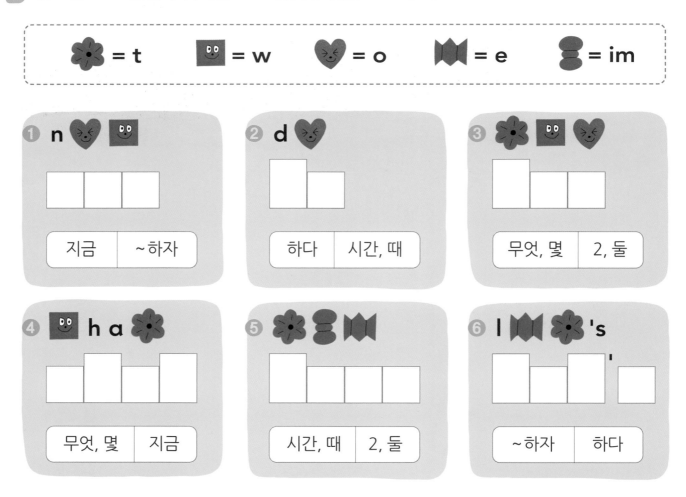

C 뜻에 알맞은 사이트 워드를 써서 문장을 완성하세요.

❶ _____ _____ is it _____ ?

무엇, 몇   시간, 때   지금

❷ _____ _____ it until _____ .

~하자   하다   2, 둘

D 잘 듣고 빈칸을 채워 문장을 완성하고 큰 소리로 읽어 보세요.

❶ What [　　　] ?

몇 시?

❷ [　　　] time is it?

몇 시예요?

❸ What time is it [　　　] ?

지금 몇 시예요?

❹ Let's [　　　] it.

그것을 해요.

❺ [　　　] go until two.

두 시까지 가요.

❻ Let's [　　　] it until [　　　] .

두 시까지 그것을 해요.

What time is it
Now, now, now?
It's two, two, two.
Let's run, let's run, let's run.
Let's color it together!

몇 시예요, 지금, 지금, 지금? 두 시, 두 시, 두 시예요. 우리 달려요, 우리 달려요, 우리 달려요. 우리 함께 색칠해봐요!

DAY 9

그림 속에 숨은 6개의 사이트 워드를 찾아보세요.

black

long

four

three

has

have

have / three / four / has / black / long

I have three dogs and four cats.

나는 개 세 마리와 고양이 네 마리가 있어요.

● 위 그림에서 사이트 워드에 동그라미 하고, 아래 빈칸에 예쁘게 써 보세요.

have	**three**	**four**
가지다, 있다	3, 셋	4, 넷

She has long black hair.

그녀는 긴 검은 머리를 가지고 있어요.

has long black

● 위 그림에서 사이트 워드에 동그라미 하고, 아래 빈칸에 예쁘게 써 보세요.

has	**long**	**black**
가지다, 있다	긴	검은

초등 필수 단어 : **hair** 머리카락

A 바구니 안에 있는 사이트 워드 중 같은 것이 몇 개인지 세어 보세요.

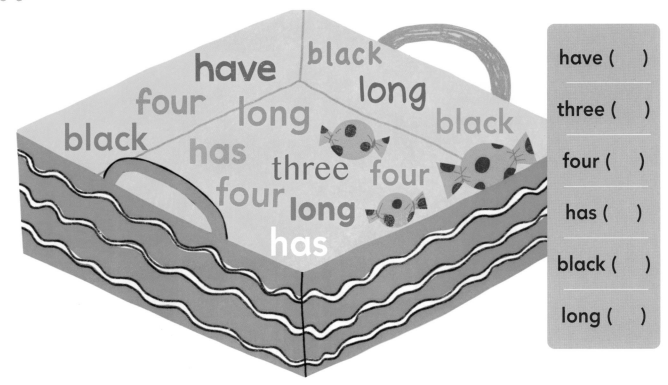

have ( )
three ( )
four ( )
has ( )
black ( )
long ( )

B 암호를 보고 빈칸에 단어를 쓰고 알맞은 뜻을 고르세요.

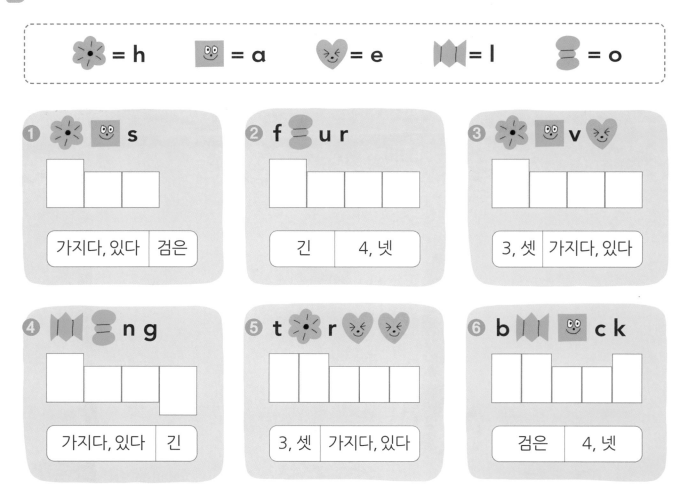

64

C 뜻에 알맞은 사이트 워드를 써서 문장을 완성하세요.

❶ I _____ _____ dogs and _____ cats.

　　가지다, 있다　　　　　　3, 셋　　　　　　　　　4, 넷

❷ She _____ _____ _____ hair.

　　가지다, 있다　　　　　긴　　　　　　　검은

D 잘 듣고 빈칸을 채워 문장을 완성하고 큰 소리로 읽어 보세요. 📢

❶ I [　　　　　] dogs.

나는 개가 있어요.

❷ I have [　　　　　] dogs.

나는 개 세 마리가 있어요.

❸ I have [　　　　　] cats.

나는 고양이 네 마리가 있어요.

❹ She has [　　　　　] hair.

그녀는 긴 머리를 가지고 있어요.

❺ She [　　　　　] black hair.

그녀는 검은 머리를 가지고 있어요.

❻ She has [　　　　　] [　　　　　] hair.

그녀는 긴 검은 머리를 가지고 있어요.

They have three **dogs.**
They have four **cats.**
She has long **hair.**
Long black **hair.**
Let's go!

three
apple
black
four
long
hair
has
cap
have
box

그들은 개 세 마리가 있어요. 그들은 고양이 네 마리가 있어요. 그녀는 머리가 길어요. 긴 까만 머리. 우리 함께 떠나요!

DAY 10

그림 속에 숨은 6개의 사이트 워드를 찾아보세요.

know / her / well / see / each / other

I know her well.

나는 그녀를 잘 알아요.

● 위 그림에서 사이트 워드에 동그라미 하고, 아래 빈칸에 예쁘게 써 보세요.

know	her	well
알다	그녀를	잘

We see each other.

우리는 서로를 보아요.

see each other

● 위 그림에서 사이트 워드에 동그라미 하고, 아래 빈칸에 예쁘게 써 보세요.

see	each	other
보다	각각, 각자	다른, 다른 사람

Tip! each other 는 '각자 다른 사람'이니까 간단히 '서로'라고 할 수 있어요.

A 바구니 안에 있는 사이트 워드 중 같은 것이 몇 개인지 세어 보세요.

know ( )

her ( )

well ( )

see ( )

each ( )

other ( )

B 암호를 보고 빈칸에 단어를 쓰고 알맞은 뜻을 고르세요.

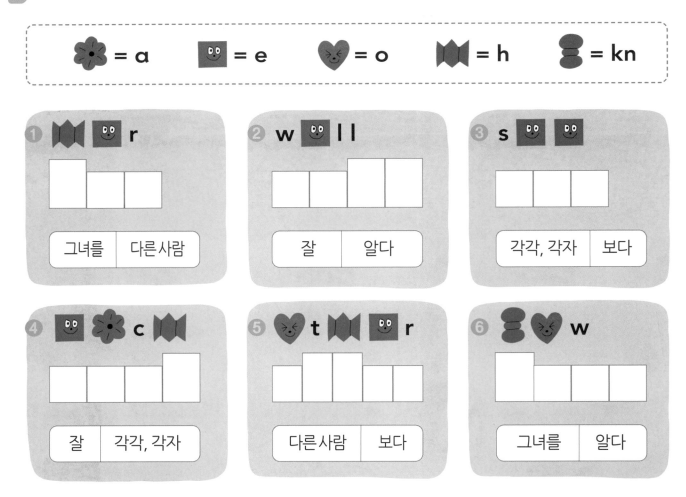

① ▨ ◻ r

| 그녀를 | 다른사람 |

② w ◻ ll

| 잘 | 알다 |

③ s ◻ ◻

| 각각, 각자 | 보다 |

④ ◻ ✿ c ▨

| 잘 | 각각, 각자 |

⑤ ♥ t ▨ ◻ r

| 다른사람 | 보다 |

⑥ ⬤ ♥ w

| 그녀를 | 알다 |

70

C 뜻에 알맞은 사이트 워드를 써서 문장을 완성하세요.

❶ I _____ _____ _____ .

            알다   그녀를   잘

❷ We _____ _____ _____ .

            보다   각각, 각자   다른, 다른 사람

D 잘 듣고 빈칸을 채워 문장을 완성하고 큰 소리로 읽어 보세요. 📢

❶ I [＿＿＿＿] .

나는 알아요.

❷ I know [＿＿＿＿] .

나는 그녀를 알아요.

❸ I know her [＿＿＿＿] .

나는 그녀를 잘 알아요.

❹ We [＿＿＿＿] .

우리는 보아요.

❺ We see [＿＿＿＿] [＿＿＿＿] .

우리는 서로를 보아요.

❻ We [＿＿＿＿] [＿＿＿＿] other.

우리는 서로를 알아요.

E 챈트를 따라 부르고 두 그림에서 다른 부분 네 군데를 모두 찾아보세요.

I know, I know
Her, her, her.
We see, we see
Each other.
Let's start!

난 알아요, 난 알아요, 그녀를, 그녀를, 그녀를. 우린 보아요, 우린 보아요. 서로를 보아요. 우리 함께 시작해요!

그림 속에 숨은 6개의 사이트 워드를 찾아보세요.

it / very / good / said / no / more

It is very good.

그것은 매우 좋아요.

● 위 그림에서 사이트 워드에 동그라미 하고, 아래 빈칸에 예쁘게 써 보세요.

it	very	good
그것	매우	좋은

Mom said, "No more sweets!"

엄마가 말했어요. "더 이상 사탕은 안 돼!"

● 위 그림에서 사이트 워드에 동그라미 하고, 아래 빈칸에 예쁘게 써 보세요.

said	no	more
말했다	없다, 아니다	더 이상, 더 많은

초등 필수 단어 : **mom** 엄마 **sweets** 사탕

A 바구니 안에 있는 사이트 워드 중 같은 것이 몇 개인지 세어 보세요.

it ( )	
very ( )	
good ( )	
said ( )	
no ( )	
more ( )	

B 암호를 보고 빈칸에 단어를 쓰고 알맞은 뜻을 고르세요.

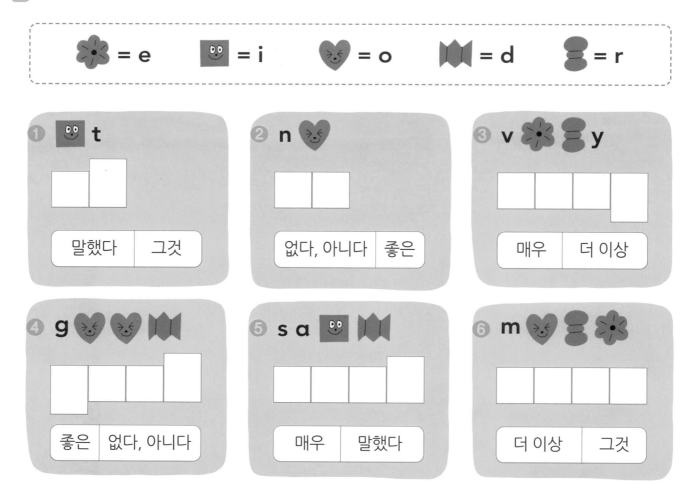

C 뜻에 알맞은 사이트 워드를 써서 문장을 완성하세요.

❶ _____ is _____ _____ .

그것 　　　　　　　　　　매우 　　　　　　　　좋은

❷ Mom _____ , " _____ _____ sweets!"

말했다 　　　　　　　　없다, 아니다 　　　더 이상, 더 많은

D 잘 듣고 빈칸을 채워 문장을 완성하고 큰 소리로 읽어 보세요.

❶ [_____] is big.

그것은 커요.

❷ It is [_____] .

그것은 좋아요.

❸ It is [_____] good.

그것은 매우 좋아요.

❹ Mom [_____] , "No."

엄마가 말했어요. "안 돼."

❺ Mom said, " [_____] more pizza."

엄마가 말했어요. "더 이상 피자는 안 돼."

❻ Mom said, "No [_____] sweets."

엄마가 말했어요. "더 이상 사탕은 안 돼."

Mom said, "No!"
"No more sweets!"
But I like sweets.
They are very good.
Let's find it together!

① ② ③ ④ ⑤

엄마가 말했어요. "안 돼!" "더 이상 사탕은 안 돼!" 하지만 나는 사탕을 좋아해요. 사탕은 매우 좋아요. 우리 함께 찾아봐요!

DAY 12

그림 속에 숨은 6개의 사이트 워드를 찾아보세요.

4 - 6 - 0

3 - 7 - 9

first / then / play / did / all / my

Do your homework first, then play.

우선 숙제를 하고 그 다음에 놀아라.

● 위 그림에서 사이트 워드에 동그라미 하고, 아래 빈칸에 예쁘게 써 보세요.

first	**then**	**play**
첫 번째, 우선	그 다음에	놀다

초등 필수 단어 : homework 숙제

I did all my homework.

나는 나의 모든 숙제를 했어요.

● 위 그림에서 사이트 워드에 동그라미 하고, 아래 빈칸에 예쁘게 써 보세요.

did	**all**	**my**
했다	모든, 모두	나의, 내

A 바구니 안에 있는 사이트 워드 중 같은 것이 몇 개인지 세어 보세요.

first ( )

then ( )

play ( )

did ( )

all ( )

my ( )

B 암호를 보고 빈칸에 단어를 쓰고 알맞은 뜻을 고르세요.

C 뜻에 알맞은 사이트 워드를 써서 문장을 완성하세요.

❶ Do your homework _____ , _____ _____ .

첫 번째, 우선   그 다음에   놀다

❷ I _____ _____ _____ homework.

했다   모든, 모두   나의, 내

D 잘 듣고 빈칸을 채워 문장을 완성하고 큰 소리로 읽어 보세요.

❶ Do it [_____] .

그것을 우선 해.

❷ Do it first, [_____] go.

우선 그것을 한 다음에 가.

❸ Do it first, then [_____] .

우선 그것을 한 다음에 놀아.

❹ I [_____] it.

나는 그것을 했어요.

❺ I did [_____] homework.

나는 나의 숙제를 했어요.

❻ I did [_____] my homework.

나는 나의 모든 숙제를 했어요.

Do your homework.
Do your homework.
First, first, first.
I did my homework.
I did my homework.
Hooray! Let's play.
Let's color it together!

숙제를 하렴. 숙제를 하렴. 먼저, 먼저, 먼저. 나는 숙제를 했어요. 나는 숙제를 했어요. 만세! 우리 놀아요. 우리 함께 색칠해봐요!

초등 필수 단어 : **hooray** 만세, 야호

DAY 13

그림 속에 숨은 6개의 사이트 워드를 찾아보세요.

how / many / there / who / made / these

How many cats are there?

거기에 얼마나 많은 고양이들이 있나요?

● 위 그림에서 사이트 워드에 동그라미 하고, 아래 빈칸에 예쁘게 써 보세요.

how	**many**	**there**
얼마나	많은	거기에

Who made these pancakes?

누가 이 팬케이크들을 만들었니?

who

made these

● 위 그림에서 사이트 워드에 동그라미 하고, 아래 빈칸에 예쁘게 써 보세요.

who	made	these
누가	만들었다	이, 이것들

초등 필수 단어 : **pancake** 팬케이크

A 바구니 안에 있는 사이트 워드 중 같은 것이 몇 개인지 세어 보세요.

how ( )	
many ( )	
there ( )	
who ( )	
made ( )	
these ( )	

B 암호를 보고 빈칸에 단어를 쓰고 알맞은 뜻을 고르세요.

88

C 뜻에 알맞은 사이트 워드를 써서 문장을 완성하세요.

① _____ _____ cats are _____ ?

    얼마나   많은   거기에

② _____ _____ _____ pancakes?

    누가   만들었다   이, 이것들

D 잘 듣고 빈칸을 채워 문장을 완성하고 큰 소리로 읽어 보세요. 🔊

① [   ] many cats?

얼마나 많은 고양이들이 있어요?

② How [   ] dogs?

얼마나 많은 개들이 있어요?

③ How [   ] cats are [   ]?

거기에 얼마나 많은 고양이들이 있어요?

④ [   ] made it?

누가 그것을 만들었어요?

⑤ Who [   ] these?

누가 이것들을 만들었어요?

⑥ Who made [   ] pancakes?

누가 이 팬케이크들을 만들었어요?

How many pancakes?
Yum! Yum! Yum!
Yum! Yum! Yum!
Who made these pancakes?
Yum! Yum! Yum!
Let's go and eat!

팬케이크가 몇 개나 있나요? 냠! 냠! 냠! 냠! 냠! 냠! 누가 이 팬케이크들을 만들었나요? 냠! 냠! 냠! 우리 함께 먹으러 가요!

DAY 14

그림 속에 숨은 6개의 사이트 워드를 찾아보세요.

When will you come back?
너는 언제 돌아올 거니?

● 위 그림에서 사이트 워드에 동그라미 하고, 아래 빈칸에 예쁘게 써 보세요.

when	will	come
언제	~할 것이다	오다

Tip! come은 '오다'라는 뜻으로 come back으로 쓰일 때는 '돌아오다'라는 의미예요.

Which came first: the chicken or the egg?

닭 또는 달걀 중 어느 것이 먼저 왔을까요?

● 위 그림에서 사이트 워드에 동그라미 하고, 아래 빈칸에 예쁘게 써 보세요.

which	**came**	**or**
어느	왔다	또는

초등 필수 단어 : **chicken** 닭　**egg** 달걀, 알

A 바구니 안에 있는 사이트 워드 중 같은 것이 몇 개인지 세어 보세요.

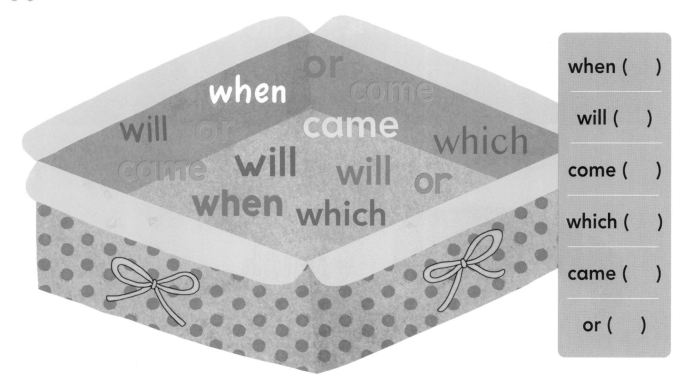

when ( )

will ( )

come ( )

which ( )

came ( )

or ( )

B 암호를 보고 빈칸에 단어를 쓰고 알맞은 뜻을 고르세요.

❋ = e   ▢ = o   ♥ = w   ▧ = wh   ❈ = m

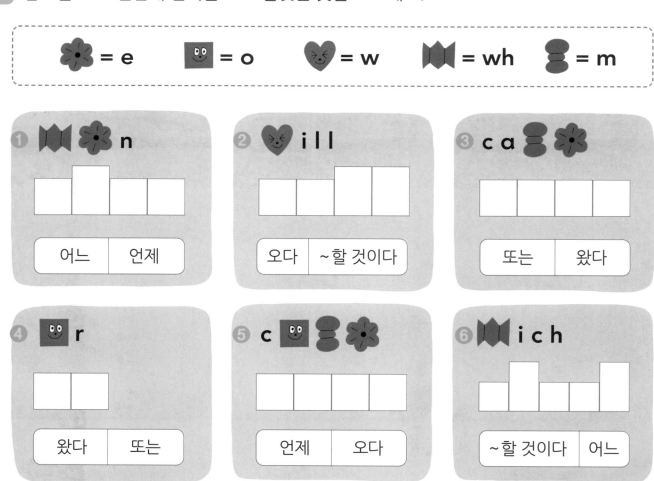

① ▧ ❋ n

| 어느 | 언제 |

② ♥ i l l

| 오다 | ~할 것이다 |

③ c a ❈ ❋

| 또는 | 왔다 |

④ ▢ r

| 왔다 | 또는 |

⑤ c ▢ ❈ ❋

| 언제 | 오다 |

⑥ ▧ i c h

| ~할 것이다 | 어느 |

C 뜻에 알맞은 사이트 워드를 써서 문장을 완성하세요.

❶ _____ _____ you _____ back?

　　　언제　　　　　　~할 것이다　　　　　　　오다

❷ _____ _____ first: the chicken _____ the egg?

　　　어느　　　　　　왔다　　　　　　　　　　또는

D 잘 듣고 빈칸을 채워 문장을 완성하고 큰 소리로 읽어 보세요. 📢

❶ [_____] will you go?

당신은 언제 갈 거예요?

❷ When [_____] you come?

너는 언제 올 거니?

❸ When will you [_____] back?

너는 언제 돌아올 거니?

❹ [_____] came first?

어느 것이 먼저 왔을까요?

❺ Which [_____] first?

어느 것이 먼저 왔을까요?

❻ Which came first: the chicken [_____] the egg?

닭 또는 달걀 중 어느 것이 먼저 왔을까요?

챈트를 따라 부르고 두 그림에서 다른 부분 네 군데를 모두 찾아보세요.

When will you, when will you
come, come back?
Which came first? Which came first?
The dog or the cat?
Let's find it together!

너는 언제, 너는 언제 돌아오니? 돌아오니? 어느 것이 먼저 왔을까? 어느 것이 먼저 왔을까? 개 아니면 고양이?
우리 함께 찾아봐요!

DAY 15

그림 속에 숨은 6개의 사이트 워드를 찾아보세요.

out / for / walk / may / use / again

Let's go out for a walk.

산책하러 밖에 나가자.

● 위 그림에서 사이트 워드에 동그라미 하고, 아래 빈칸에 예쁘게 써 보세요.

out	**for**	**walk**
밖에	~하러, ~을 위해	산책, 걷기

May I use your pencil again?

너의 연필을 다시 사용해도 되니?

● 위 그림에서 사이트 워드에 동그라미 하고, 아래 빈칸에 예쁘게 써 보세요.

may	**use**	**again**
~해도 되다	사용하다, 쓰다	다시, 또

초등 필수 단어 : **pencil** 연필

A 바구니 안에 있는 사이트 워드 중 같은 것이 몇 개인지 세어 보세요.

out ( )	
for ( )	
walk ( )	
may ( )	
use ( )	
again ( )	

B 암호를 보고 빈칸에 단어를 쓰고 알맞은 뜻을 고르세요.

C 뜻에 알맞은 사이트 워드를 써서 문장을 완성하세요.

❶ Let's go _____ _____ a _____ .

　　　　　밖에　　　　　~하러, ~을 위해　　　　　산책, 걷기

❷ _____ I _____ your pencil _____ ?

　　~해도 되다　　　　사용하다, 쓰다　　　　　　다시, 또

D 잘 듣고 빈칸을 채워 문장을 완성하고 큰 소리로 읽어 보세요. 📢

❶ Let's go [　　　] .

밖에 나가요.

❷ Let's go out [　　　] lunch.

점심 먹으러 밖에 나가요.

❸ Let's go out for a [　　　] .

산책하러 밖에 나가요.

❹ [　　　] I use your pencil?

당신의 연필을 사용해도 되나요?

❺ May I [　　　] your phone?

당신의 전화기를 사용해도 되나요?

❻ May I use your pencil [　　　] ?

당신의 연필을 다시 사용해도 되나요?

E 챈트를 따라 부르고 빈 곳에 들어갈 알맞은 그림을 찾아보세요.

Let's go, let's go out, out, out.
Oh no! It's raining!
May I, May I use your umbrella?
Let's find it together!

① ② ③ ④ ⑤

가자, 가자, 밖으로, 밖으로, 밖으로 나가요. 안 돼! 비가 오잖아! 사용해도 되니, 너의 우산을 사용해도 되니?
우리 함께 찾아봐요!

초등 필수 단어 : **rain** 비 **umbrella** 우산

그림 속에 숨은 6개의 사이트 워드를 찾아보세요.

they / were / after / put / over / them

They were sleepy after dinner.

그들은 저녁 먹은 후에 졸렸어요.

● 위 그림에서 사이트 워드에 동그라미 하고, 아래 빈칸에 예쁘게 써 보세요.

they	**were**	**after**
그들은, 그것들은	~하였다, ~이었다	~후에

초등 필수 단어 : **sleepy** 졸린 **dinner** 저녁 식사

I put a blanket over them.

나는 그들 위에 담요를 덮어요.

● 위 그림에서 사이트 워드에 동그라미 하고, 아래 빈칸에 예쁘게 써 보세요.

put	over	them
놓다	~위에	그들, 그들에게

초등 필수 단어 : **blanket** 담요

A 바구니 안에 있는 사이트 워드 중 같은 것이 몇 개인지 세어 보세요.

they ( )	
were ( )	
after ( )	
put ( )	
over ( )	
them ( )	

B 암호를 보고 빈칸에 단어를 쓰고 알맞은 뜻을 고르세요.

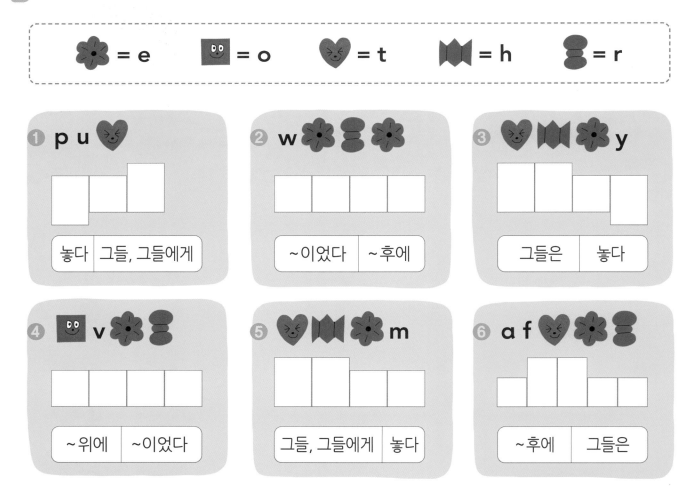

C 뜻에 알맞은 사이트 워드를 써서 문장을 완성하세요.

❶ _____ _____ sleepy _____ dinner.

    그들은, 그것들은   ~하였다, ~이었다   ~후에

❷ I _____ a blanket _____ _____ .

      놓다   ~위에   그들, 그들에게

D 잘 듣고 빈칸을 채워 문장을 완성하고 큰 소리로 읽어 보세요.

❶ [_____] were sleepy.

    그들은 졸렸어요.

❷ We [_____] sleepy.

    우리는 졸렸어요.

❸ They were sleepy [_____] dinner.

    그들은 저녁 먹은 후에 졸렸어요.

❹ I [_____] a blanket.

    나는 담요를 덮어요.

❺ I put a blanket [_____] him.

    나는 그의 위에 담요를 덮어요.

❻ I put a blanket over [_____] .

    나는 그들 위에 담요를 덮어요.

They were, they were
Sleepy after dinner.
I put, I put
A blanket over them.
Let's color it together!

그들은, 그들은 저녁 먹은 후에 졸렸어요. 나는 덮어요, 나는 덮어요. 담요를 그들 위에 덮어요. 우리 함께 색칠해봐요!

DAY 17

그림 속에 숨은 6개의 사이트 워드를 찾아보세요.

call / me / little / one / of / best

They call me "Little Princess."

그들은 나를 "작은 공주님"이라고 불러요.

● 위 그림에서 사이트 워드에 동그라미 하고, 아래 빈칸에 예쁘게 써 보세요.

call	**me**	**little**
부르다	나를	작은

초등 필수 단어 : **princess** 공주

She is one of the best dancers.

그녀는 최고의 무용수 중 하나예요.

● 위 그림에서 사이트 워드에 동그라미 하고, 아래 빈칸에 예쁘게 써 보세요.

one	**of**	**best**
1, 하나	~의, ~중에서	최고의

초등 필수 단어 : **dancer** 무용수, 춤을 추는 사람

A 바구니 안에 있는 사이트 워드 중 같은 것이 몇 개인지 세어 보세요.

call (   )

me (   )

little (   )

one (   )

of (   )

best (   )

B 암호를 보고 빈칸에 단어를 쓰고 알맞은 뜻을 고르세요.

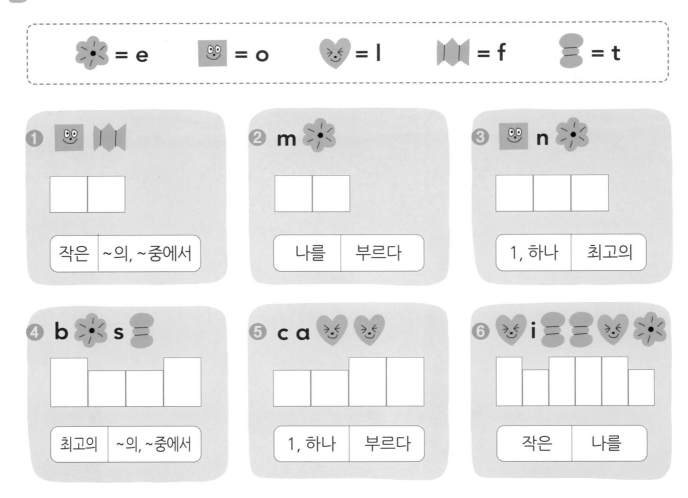

C 뜻에 알맞은 사이트 워드를 써서 문장을 완성하세요.

❶ They ＿＿＿＿＿ ＿＿＿＿＿ " ＿＿＿＿＿ Princess."

             부르다   나를   작은

❷ She is ＿＿＿＿＿ ＿＿＿＿＿ the ＿＿＿＿＿ dancers.

           1, 하나   ~의, ~중에서   최고의

D 잘 듣고 빈칸을 채워 문장을 완성하고 큰 소리로 읽어 보세요.

❶ They ☐ him.

그들은 그를 불러요.

❷ They ☐ me.

그들은 나를 불러요.

❸ They call me " ☐ Princess."

그들은 나를 "작은 공주님"이라고 불러요.

❹ She is ☐ of the singers.

그녀는 그 가수 중 하나예요.

❺ She is ☐ ☐ the dancers.

그녀는 그 무용수 중 하나예요.

❻ She is one of the ☐ dancers.

그녀는 최고의 무용수 중 하나예요.

E 챈트를 따라 부르고 공주가 성을 찾아갈 수 있도록 길을 안내해 주세요.

Call me, call me
Little Princess, Little Princess.
I am one of the best dancers.
Let's go!

나를 불러요, 나를 불러요. 작은 공주님, 작은 공주님. 나는 최고의 댄서 중 하나예요. 우리 함께 떠나요!

DAY 18

그림 속에 숨은 6개의 사이트 워드를 찾아보세요.

look / at / on / their / own / by

Look at the birds on the tree.

나무 위에 있는 새들을 봐요.

● 위 그림에서 사이트 워드에 동그라미 하고, 아래 빈칸에 예쁘게 써 보세요.

look	at	on
보다	~에, ~에서	~위에

초등 필수 단어 : bird 새 tree 나무   Tip! look at을 합쳐 '~을 보다'라는 뜻으로 사용해요.

They have their own house by the lake.

그들은 호수 옆에 그들 자신의 집이 있어요.

● 위 그림에서 사이트 워드에 동그라미 하고, 아래 빈칸에 예쁘게 써 보세요.

their
그들의

own
자신의

by
~ 옆에

초등 필수 단어 : **house** 집 **lake** 호수

A 바구니 안에 있는 사이트 워드 중 같은 것이 몇 개인지 세어 보세요.

look ( )	
at ( )	
on ( )	
their ( )	
own ( )	
by ( )	

B 암호를 보고 빈칸에 단어를 쓰고 알맞은 뜻을 고르세요.

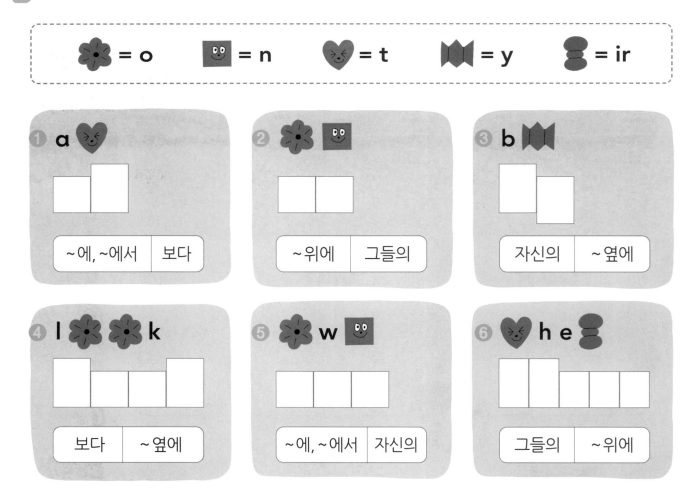

C 뜻에 알맞은 사이트 워드를 써서 문장을 완성하세요.

❶ _____ _____ the birds _____ the tree.

      보다   ~에, ~에서   ~위에

❷ They have _____ _____ house _____ the lake.

           그들의   자신의   ~옆에

D 잘 듣고 빈칸을 채워 문장을 완성하고 큰 소리로 읽어 보세요.

❶ [_____] at the cats.

고양이들을 봐요.

❷ Look [_____] the birds.

새들을 봐요.

❸ Look at the birds [_____] the tree.

나무 위에 있는 새들을 봐요.

❹ [_____] house is by the sea.

그들의 집은 바다 옆에 있어요.

❺ Their house is [_____] the lake.

그들의 집은 호수 옆에 있어요.

❻ They have their [_____] house by the lake.

그들은 호수 옆에 그들 자신의 집이 있어요.

E 챈트를 따라 부르고 두 그림에서 다른 부분 네 군데를 모두 찾아보세요.

Look at the birds. Where? Where?
On the tree. On the tree.
Look at their house. Where? Where?
By the lake. By the lake.
Let's start!

새들을 봐요. 어디? 어디? 나무 위에. 나무 위에. 그들의 집을 봐요. 어디? 어디? 호수 옆에. 호수 옆에. 우리 함께 시작해요!

DAY 19

그림 속에 숨은 6개의 사이트 워드를 찾아보세요.

just / went / into / get / some / please

She just went into the room.

그녀는 방금 방 안으로 들어갔어요.

● 위 그림에서 사이트 워드에 동그라미 하고, 아래 빈칸에 예쁘게 써 보세요.

just	went	into
방금	갔다	~안으로

Get me some water, please.

나에게 물을 조금 가져다 주렴.

● 위 그림에서 사이트 워드에 동그라미 하고, 아래 빈칸에 예쁘게 써 보세요.

get	**some**	**please**
가져오다, 얻다	조금, 일부	제발

A 바구니 안에 있는 사이트 워드 중 같은 것이 몇 개인지 세어 보세요.

just ( )

went ( )

into ( )

get ( )

some ( )

please ( )

B 암호를 보고 빈칸에 단어를 쓰고 알맞은 뜻을 고르세요.

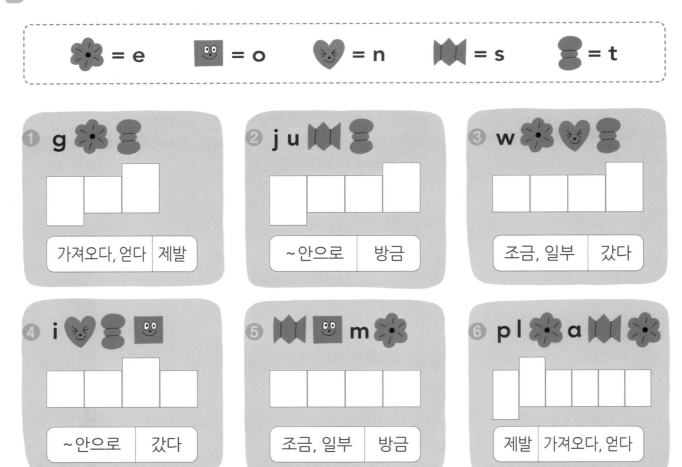

124

C 뜻에 알맞은 사이트 워드를 써서 문장을 완성하세요.

❶ She _____ _____ _____ the room.

　　　　　방금　　　　　　　　갔다　　　　　　　~안으로

❷ _____ me _____ water, _____ .

　가져오다, 얻다　　　　　조금, 일부　　　　　　　제발

D 잘 듣고 빈칸을 채워 문장을 완성하고 큰 소리로 읽어 보세요. 📢

❶ The cat [   ] into the box.

그 고양이는 상자 안으로 들어갔어요.

❷ She went [   ] the room.

그녀는 방 안으로 들어갔어요.

❸ She [   ] went into the room.

그녀는 방금 방 안으로 들어갔어요.

❹ [   ] me some pizza.

나에게 피자를 좀 가져다줘.

❺ Get me [   ] water.

나에게 물을 좀 가져다줘.

❻ Get me some water, [   ] .

나에게 물을 좀 가져다 주렴.

Get some **water**. Get some **water**.
Please, please, please.
Into the room. Into the room.
Please, please, please.
Let's find it together!

① ② ③ ④ ⑤

물을 가져다 줘요. 물을 가져다 줘요. 제발요, 제발요, 제발요. 방 안으로 가져다 줘요. 방 안으로 가져다 줘요. 제발요, 제발요, 제발요. 우리 함께 찾아봐요!

DAY 20

그림 속에 숨은 6개의 사이트 워드를 찾아보세요.

word / from / both / say / if / want

The word is from both Greek and Latin.

그 단어는 그리스어와 라틴어에서 온 거예요.

● 위 그림에서 사이트 워드에 동그라미 하고, 아래 빈칸에 예쁘게 써 보세요.

word	**from**	**both**
단어, 말	~에서, ~로부터	둘 다

초등 필수 단어 : Greek 그리스어 Latin 라틴어

Say no, if you don't want to do it.

만약 그것을 하고 싶지 않으면 '아니오'라고 말하세요.

• 위 그림에서 사이트 워드에 동그라미 하고, 아래 빈칸에 예쁘게 써 보세요.

say	**if**	**want**
말하다	만약 ~라면	원하다, ~하고 싶어하다

A 바구니 안에 있는 사이트 워드 중 같은 것이 몇 개인지 세어 보세요.

word ( )

from ( )

both ( )

say ( )

if ( )

want ( )

B 암호를 보고 빈칸에 단어를 쓰고 알맞은 뜻을 고르세요.

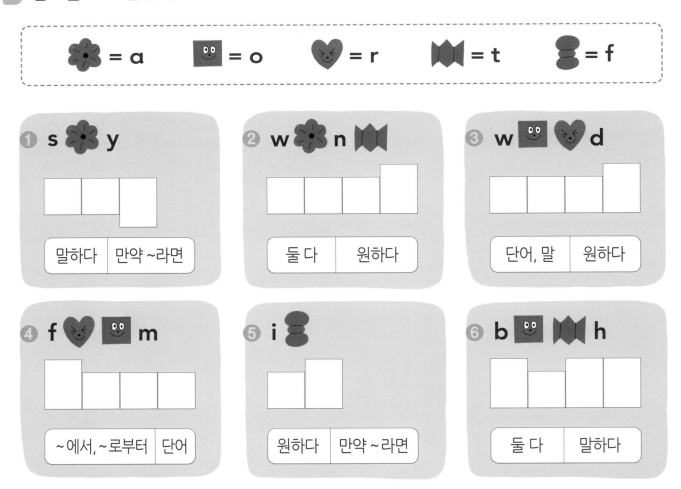

C 뜻에 알맞은 사이트 워드를 써서 문장을 완성하세요.

❶ The _____ is _____ _____ Greek and Latin.

단어, 말　　　~에서, ~로부터　　　둘 다

❷ _____ no, _____ you don't _____ to do it.

말하다　　　만약 ~라면　　　원하다, ~하고 싶어하다

D 잘 듣고 빈칸을 채워 문장을 완성하고 큰 소리로 읽어 보세요. 📢

❶ The [_____] is from Greek.

그 단어는 그리스어에서 왔어요.

❷ The word is [_____] Latin.

그 단어는 라틴어에서 왔어요.

❸ The word is from [_____] Greek and Latin.

그 단어는 그리스어와 라틴어에서 왔어요.

❹ [_____] no.

'아니오'라고 말하세요.

❺ Say yes, [_____] you want.

원한다면 '네'라고 말하세요.

❻ Say no, if you don't [_____] to do it.

만약 그것을 하고 싶지 않으면 '아니오'라고 말하세요.

그 단어는 어디에서 왔나요? 그리스어, 그리스어, 그리스어. '네'라고 말해요. '네'라고 말해요. 만일 놀고 싶다면
'네'라고 말해요. (네!) 우리 함께 색칠해봐요!

Have more fun learning sight words!

Day1~6

DAY1

I	나는
like	좋아하다
and	~와, 그리고
she	그녀는
with	~와 함께
a	하나의

DAY2

love	사랑하다
only	오직
you	너, 당신
am	~이다, ~하다
so	정말
happy	행복한, 기쁜

DAY3

we	우리
to	~로, ~에
the	그
go	가다
up	위에
down	아래에

DAY4

are	~이다, 있다
in	안에
big	큰
this	이, 이것
about	~에 대하여
small	작은

DAY5

he	그는
is	~이다, ~하다
but	그러나, 하지만
was	~이었다, 있었다
than	~보다
him	그, 그를

DAY6

can	할 수 있다
make	만들다
an	하나의
don't	~하지 마라
too	너무
much	많은

Day 7~12

DAY 7

where	어디에
your	너의
new	새로운
can't	할 수 없다
find	찾다
his	그의

DAY 8

what	무엇, 몇
time	시간, 때
now	지금
let's	~하자
do	하다
two	2, 둘

DAY 9

have	가지다, 있다
three	3, 셋
four	4, 넷
has	가지다, 있다
long	긴
black	검은

DAY 10

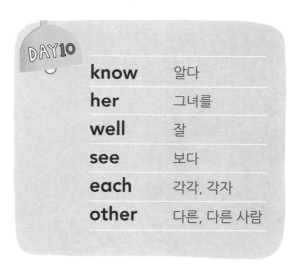

know	알다
her	그녀를
well	잘
see	보다
each	각각, 각자
other	다른, 다른 사람

DAY 11

it	그것
very	매우
good	좋은
said	말했다
no	없다, 아니다
more	더 이상, 더 많은

DAY 12

first	첫 번째, 우선
then	그 다음에
play	놀다
did	~했다
all	모든, 모두
my	나의, 내

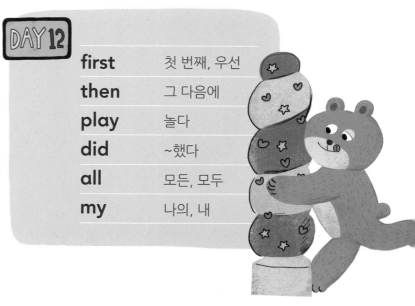

Day13~18

DAY13

how	얼마나
many	많은
there	거기에
who	누가
made	만들었다
these	이, 이것들

DAY14

when	언제
will	~할 것이다
come	오다
which	어느
came	왔다
or	또는

DAY15

out	밖에
for	~하러, ~을 위해
walk	산책, 걷기
may	~해도 되다
use	사용하다, 쓰다
again	다시, 또

DAY16

they	그들은, 그것들은
were	~하였다, ~이었다
after	~ 후에
put	놓다
over	~ 위에
them	그들, 그들에게

DAY17

call	부르다
me	나를
little	작은
one	1, 하나
of	~의, ~ 중에서
best	최고의

DAY18

look	보다
at	~에
on	~ 위에
their	그들의
own	자신의
by	~ 옆에

Day 19~20

just	방금
went	갔다
into	~ 안으로
get	가져오다, 얻다
some	조금, 일부
please	제발

word	단어, 말
from	~에서, ~로부터
both	둘 다
say	말하다
if	만약 ~라면
want	원하다, ~하고 싶어하다

sight words

메모

Let's learn
sight words!
They are
fun and easy!

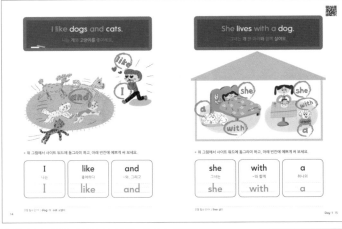

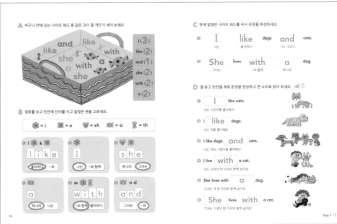

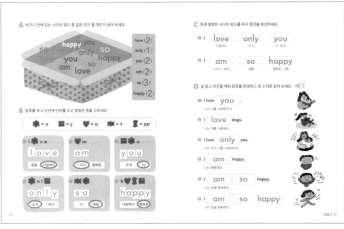

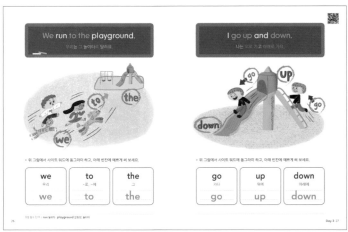

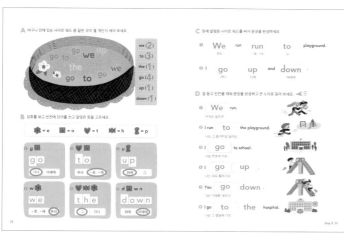

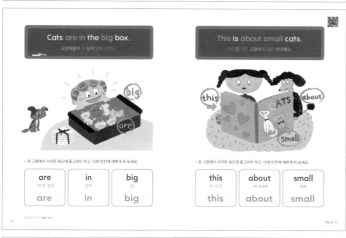

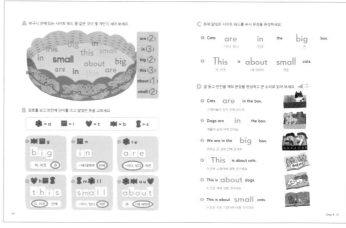

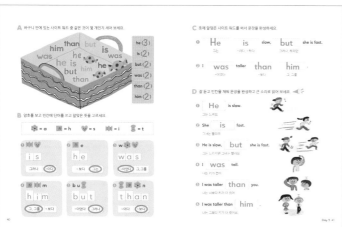

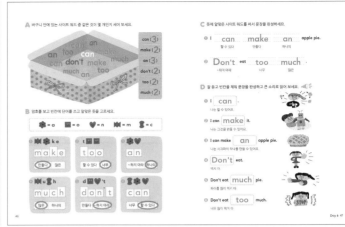

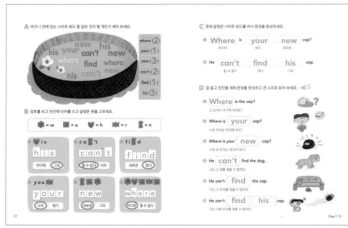

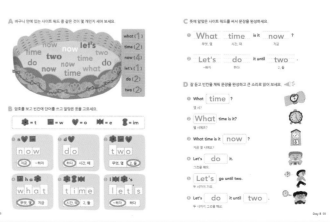

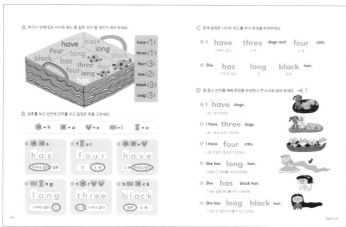

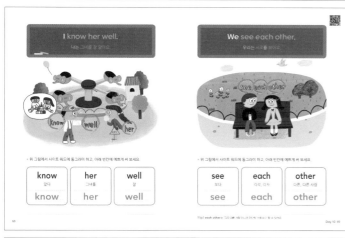

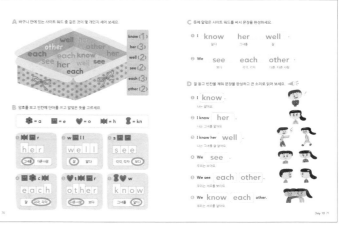

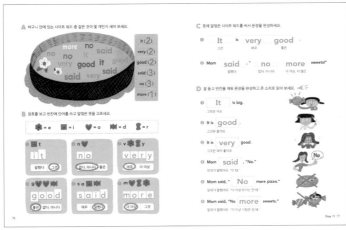

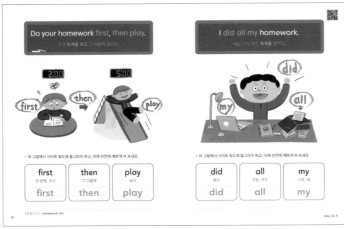

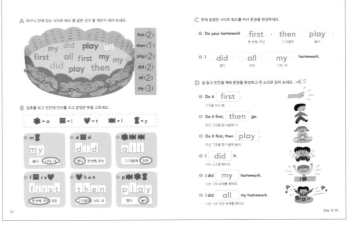

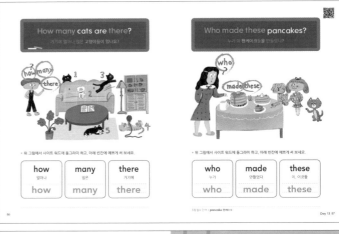

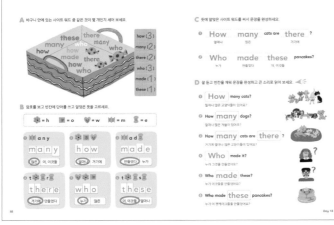

144

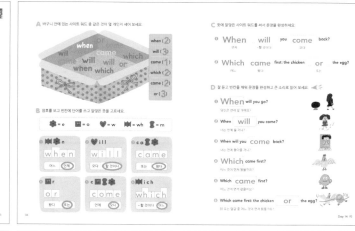

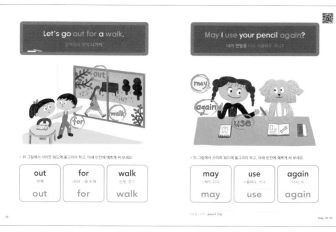

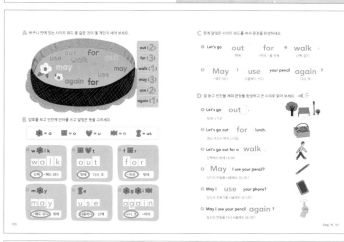

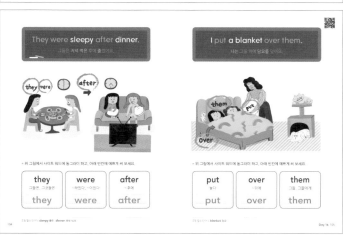

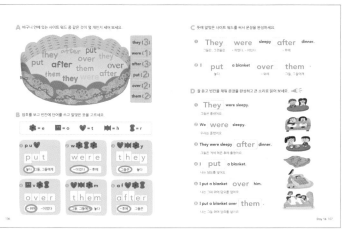

DAY 17

색칠하기는 정답이 있는 게 아니니 좋아하는 색으로 자유롭게 색칠해 보세요.

They call me "Little Princess."
그들은 나를 "작은 공주님"이라고 불러요.

call	me	little
부르다	나를	작은
call	me	little

She is one of the best dancers.
그녀는 최고의 무용수 중 하나예요.

one	of	best
1. 하나	-의, -중에서	최고의
one	of	best

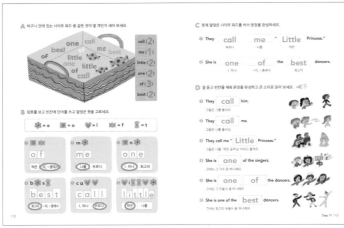

call	(2)
me	(1)
little	(2)
one	(2)
of	(3)
best	(2)

☀=e ▦=o ♥=l ✿=f ☃=t

① of ② me ③ one
④ best ⑤ call ⑥ little

① They **call** me "Little Princess."
② She is **one** **of** the **best** dancers.

① They **call** him.
② They **call** me.
③ They call me "Little Princess."
④ She is **one** of the singers.
⑤ She is **one** **of** the dancers.
⑥ She is one of the **best** dancers.

DAY 18

Call me, call me the Little Princess, Little Princess. I am one of the best dancers. Let's go!

Look at the birds on the tree.
나무 위에 있는 새들을 봐요.

They have their own house by the lake.
그들은 호수 옆에 그들 자신의 집이 있어요.

look	at	on
보다	-에, -에서	-위에
look	at	on

their	own	by
그들의	자신의	-옆에
their	own	by

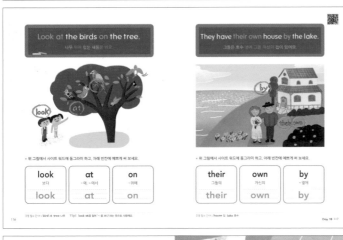

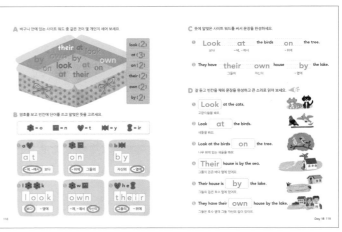

look	(2)
at	(3)
on	(2)
their	(2)
own	(2)
by	(2)

☀=o ▦=n ♥=t ☆=y ☃=ir

① at ② on ③ by
④ look ⑤ own ⑥ their

① **Look** **at** the birds **on** the tree.
② They have **their** **own** house **by** the lake.

① **Look** at the cats.
② **Look** **at** the birds.
③ Look at the birds **on** the tree.
④ **Their** house is by the sea.
⑤ Their house is **by** the lake.
⑥ They have their **own** house by the lake.

DAY 19

Look at the birds. Where? Where? Look at the tree. On the tree. They have their house. Where? Where? By the lake. By the lake. Let's start!

She just went into the room.
그녀는 방금 방 안으로 들어갔어요.

Get me some water, please.
나에게 물을 조금 가져다 주세요.

just	went	into
방금	갔다	-안으로
just	went	into

get	some	please
가져오다, 얻다	조금, 일부	제발
get	some	please

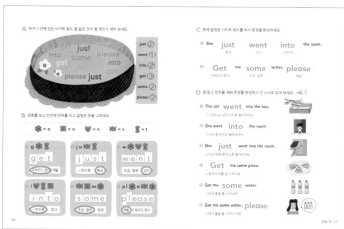

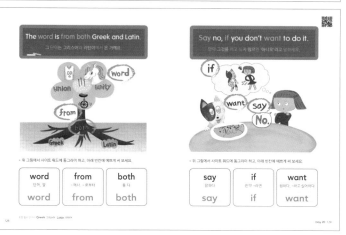

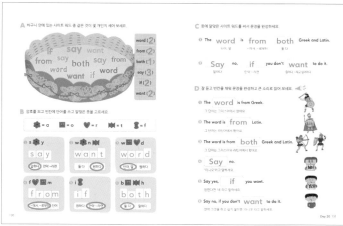

Let's play with the board game and flashcards!

지금까지 배운 사이트 워드를 보드게임과 플래시 카드로 다시 한번 익혀 보세요.
훨씬 더 빠르게 사이트 워드를 읽어낼 수 있어요!

35 look at on

36 their own by

37 just went into

38 get some please

39

34 one of best

33 call me little

32 put over them

31 they were after

3

17 have three four

18 has long black

19 know her well

20 see each other

21 it ver goo

16 let's do two

15 what time now

14 can't find his

13 where your new

START

1 I like and

2 she with a

SISO
study

Let's play with the board game!

공주를 구하라!

Go

앞으로 **두 칸**

Go

앞으로 **세 칸**

Go

앞으로 **네 칸**

s play

oard game!

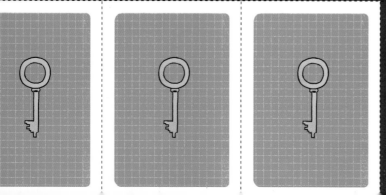

〈놀이 방법〉
1. 주사위를 굴려 나온 숫자만큼 이동해요.
2. 도착한 칸의 사이트 워드를 모두 읽어요. (예를 들어, "I", "like", "and")
   읽지 못하면 원래의 자리로 돌아가요.
3. 열쇠 그림이 있는 칸에 도착하면 CHANCE 카드를 한 장 뽑고,
   카드에 나온 지시대로 따라요.
4. FINISH에 먼저 도착한 사람이 이겨요.

〈실력을 한 단계 높이는 챌린지 놀이 방법〉
1. 각 단어가 들어간 문장 세 개를 만들어 보세요. (예를 들어,
   "I eat ice cream." "I like ice cream." "I eat cookies and ice cream.")
2. 문장 만들기에 익숙해지면 써보기에 도전하세요. 문장을 쓰고 난 뒤에는
   큰 소리로 읽어내도록 해요.

Let's

with the k

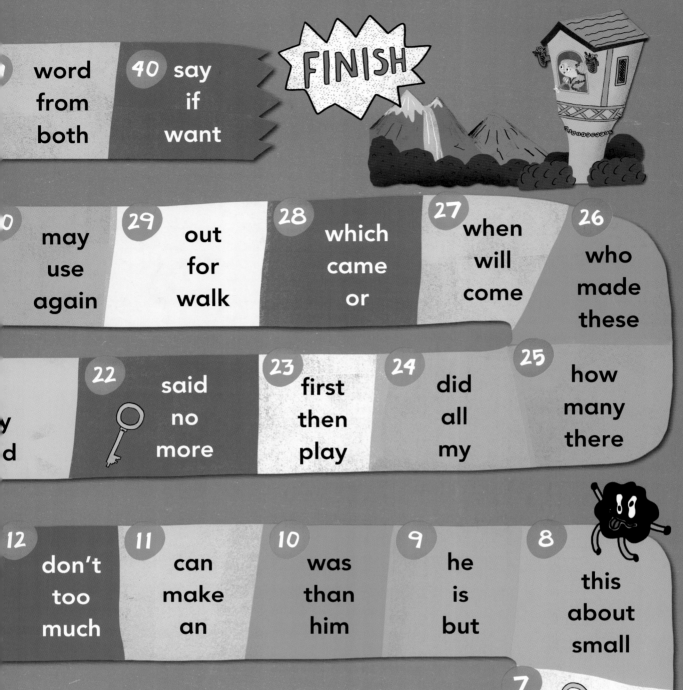

FINISH

word from both

40 say if want

0 may use again

29 out for walk

28 which came or

27 when will come

26 who made these

22 said no more

23 first then play

24 did all my

25 how many there

12 don't too much

11 can make an

10 was than him

9 he is but

8 this about small

3 love only you

4 am so happy

5 we to the

6 go up down

7 are in big

가고 싶은 곳으로

13번으로

25번으로

주사위 한 번 더!

한 번 쉬기

사이트 워드 플래시 카드를 만들어 보세요!

플래시 카드를 가위로 오려 재미있는 게임을 해보세요.

빙고, 메모리 게임, 폭탄 카드 게임 등으로 사이트 워드를
빨리 읽는 연습을 하면 매일매일 읽기가 즐거워져요!

뒷면의 사이트 워드 플래시 카드 놀이 방법을 참고하세요.

플래시 카드 놀이 이렇게 해 봐요!

게임 ❶ 빙고

1. 빙고 판을 준비해요. 3X3으로 시작하다가 4X4, 5X5로 그려 난이도를 높이세요.
2. 학습한 단어들을 빈칸에 하나씩 적어 빙고 판을 완성해요.
3. 돌아가며 단어 한 개씩 말하고, 자신의 빙고 판에 해당 단어가 있으면 카드를 올려놓아요.
4. 가로, 세로, 대각선 중 한 줄을 먼저 완성하고 '빙고!'를 외치면 이겨요.

게임 ❷ 메모리 게임

1. 바닥에 플래시 카드를 뒤집어 놓고 어디에 어떤 단어가 있는지 기억해요.
2. 가위바위보로 순서를 정해 이기는 사람이 먼저 카드 2개를 골라요.
3. 카드가 서로 같고 단어를 바르게 읽으면 카드를 가져갈 수 있어요. 카드가 다르면 원래대로 되놀려놔요.
4. 모든 카드가 일치할 때까지 게임을 하고, 더 많은 카드를 가지고 있는 쪽이 이겨요.

게임 ❸ 폭탄 카드 게임

1. 플래시 카드를 가운데 쌓아 놓고, 엄마가 먼저 맨 위의 카드를 뽑아 단어를 읽어요. 바르게 읽으면 카드를 가져가고, 틀리면 기회는 상대방에게 넘어가요.
2. 폭탄 카드(BOMB!)를 뽑으면 가지고 있는 모든 카드를 잃고, 처음부터 다시 모아야 해요. 잃은 카드는 섞어서 쌓아둔 카드 아래에 추가해요.
3. 더 많은 카드를 가지고 있는 쪽이 이겨요.

시소스터디 카페에서 더 많은 게임 방법을 확인하세요.
https://cafe.naver.com/sisasiso

시소스터디 카페에서 카드를 더 출력하여 두 벌을 만들어 사용하세요.

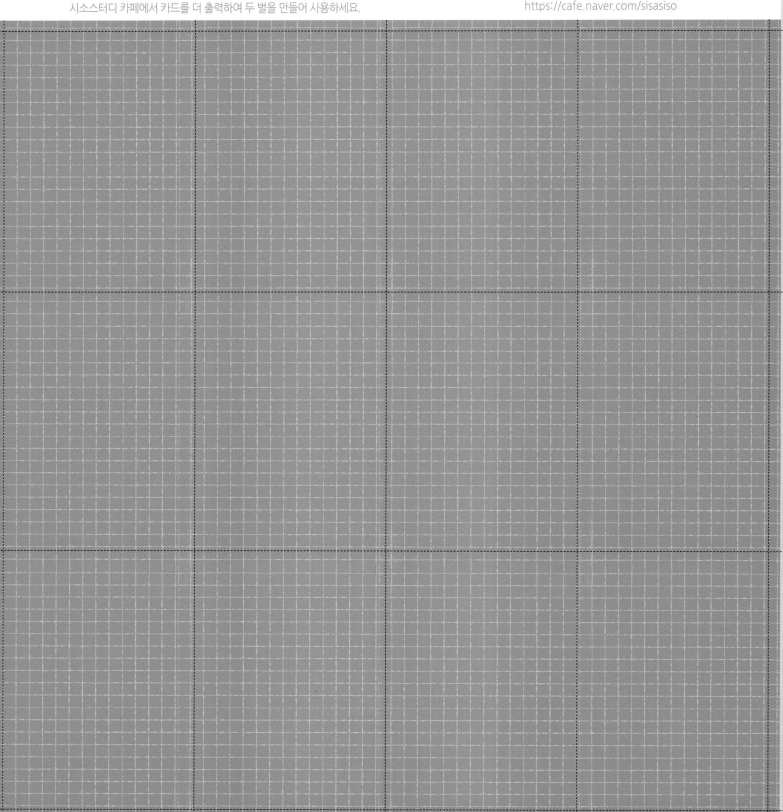

go	in	small	was
the	are	about	but
to	down	this	is
we	up	big	he

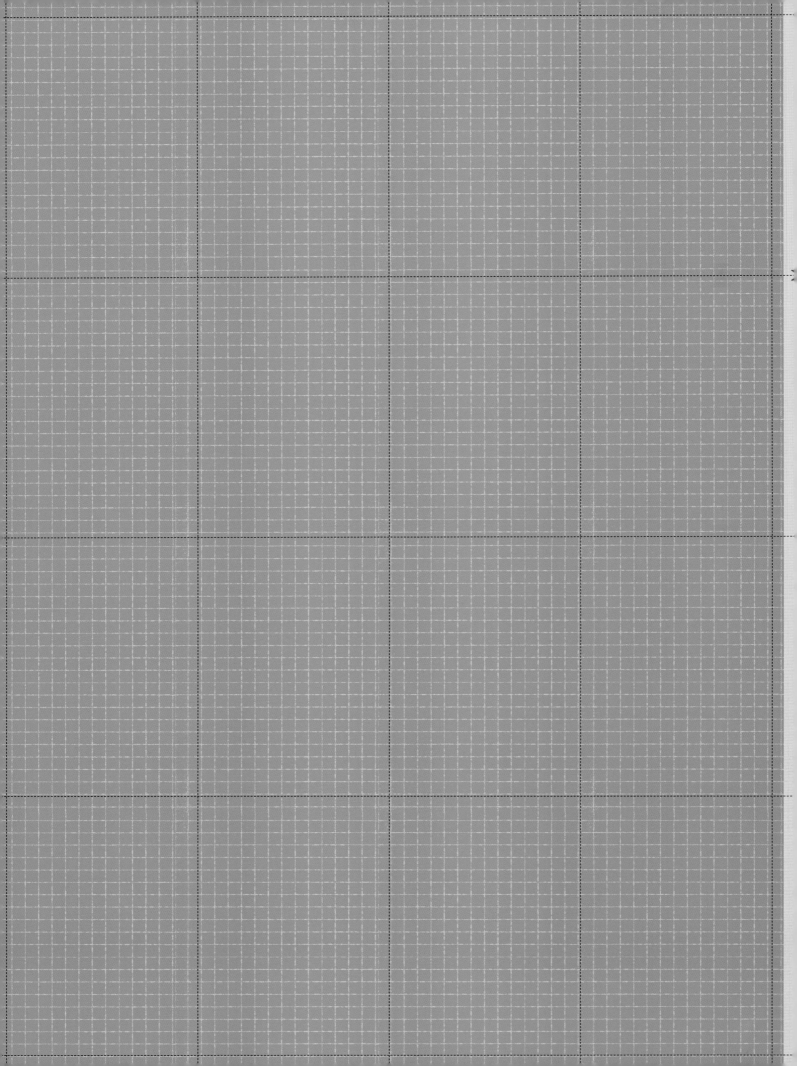

make	much	can't	time
can	too	new	what
him	don't	your	his
than	an	where	find

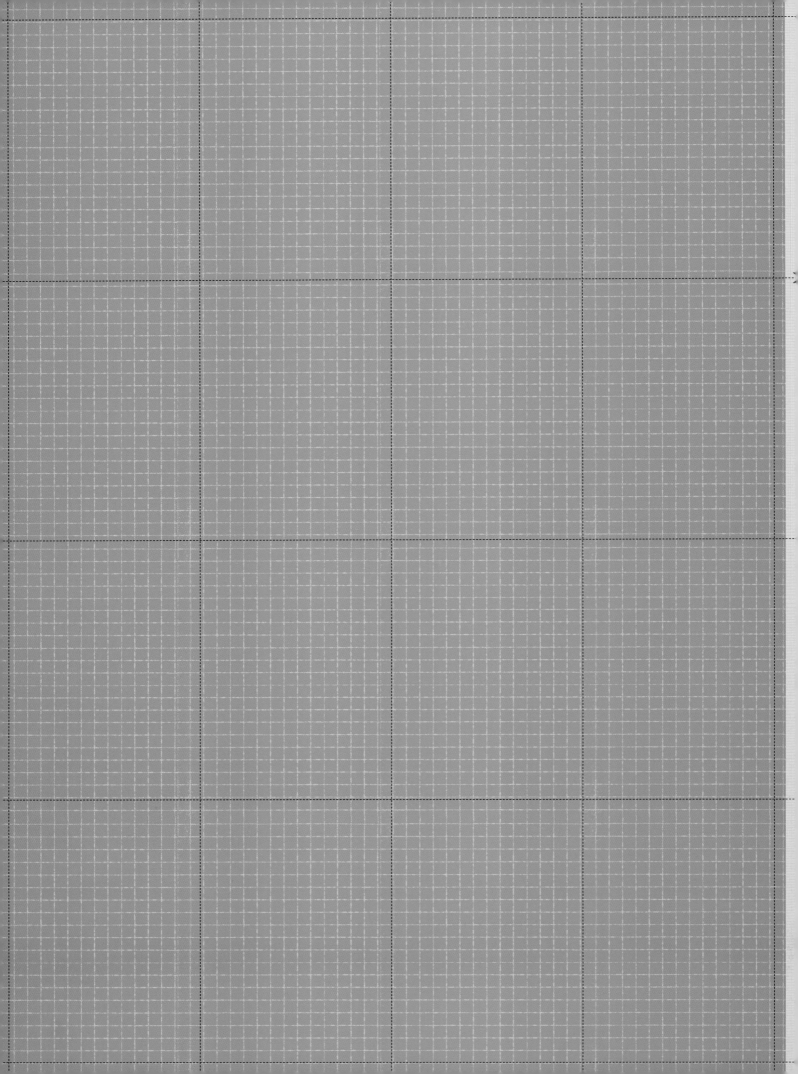

two	do	let's	now
has	four	three	have
her	know	black	long
other	each	see	well

said	then	my	who
good	first	all	there
very	more	did	many
it	no	play	how

will	or	may	were
when	came	walk	they
these	which	for	again
made	come	out	use

them	one	at	by
over	little	look	own
put	me	best	their
after	call	of	on

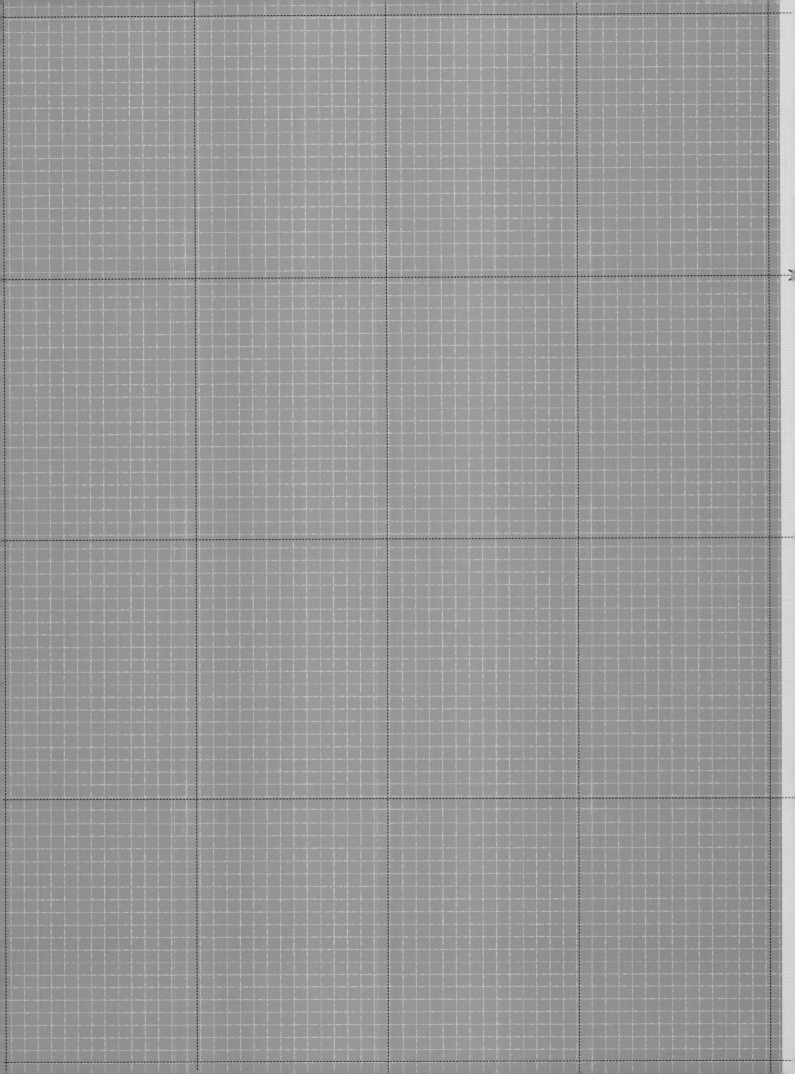